Cinestesia do Saber

CINESTESIA DO SABER

Radiestesia e Radiônica
Expressão do Nosso Inconsciente

Prof. Renato Guedes de Siqueira

6ª Edição

ROCA

ISBN-10: 85-7241-626-9
ISBN-13: 978-85-7241-626-9

CIP-BRASIL. CATALOGAÇÃO-NA-FONTE
SINDICATO NACIONAL DOS EDITORES DE LIVROS, RJ.

S632c
6.ed.
Siqueira, Renato Guedes de
Cinestesia do saber : radiestesia e radiônica : expressão do nosso inconsciente / Renato Guedes de Siqueira. – 6.ed. – São Paulo : Roca, 2006

Inclui bibliografia
ISBN-10: 85-7241-626-9
ISBN-13: 978-85-7241-626-9

1. Radiestesia. 2. Radiônica. 2. Ciências ocultas. I. Título.

06-1269. CDD 133.323
CDU 133.3

Divisão da
Editora Roca Ltda.

2006

EDITORA ROCA LTDA.
Rua Dr. Cesário Mota Jr., 73
CEP 01221-020 – São Paulo – SP
Tel.: (11) 3331-4478 – Fax: (11) 3331-8653
E-mail: vendas@editoraroca.com.br – www.editoraroca.com.br

Impresso no Brasil
Printed in Brazil

ÍNDICE

O Autor

Renato Guedes de Siqueira

Curriculum

– Advogado militante no Foro de São Paulo e Santos.

– Há mais de doze anos dedicado integralmente ao estudo da Radiestesia e da Radiônica.

– Graduado pelo "Silva Mind Control".

– Participante do "The 2nd Internacional Congress de Alternative Therapies".

– Palestras: Participante de várias palestras no campo de Radiestesia e Radiônica.

Este livro é uma síntese de muitos anos de prática da Radiestesia, da Radiônica e outras atividades afins vividas intensamente pelo autor.

Agradecimentos

Agradeço a compreensão e a colaboração tão desprendida das amigas Valéria G. Gonçalves e Cleusa Diniz S. de Abreu, cujo trabalho esteve ligado de forma indelével na confecção deste livro.

Agradeço a Glória, minha esposa, que com seu espírito de servir influenciou e colaborou na confecção e realização deste livro. O seu apoio foi fundamental.

Muito grato.
Renato G. de Siqueira

Prefácio

Este livro foi feito com a energia do amor incondicional. Amor irradiado por mulheres que admiram e respeitam os conhecimentos do Prof. Renato.

Foi elaborado com a colaboração de Valéria G. Gonçalves e Cleusa Diniz S. de Abreu, amigas de coração que deixaram seus lares e compromissos em dedicação a horas de trabalho junto ao Prof. Renato.

E em especial à dedicação constante de zelo e carinho de sua esposa Glória Siqueira, uma pessoa amorosa e dedicada a todos que a rodeiam.

Obrigada amigos, sentimos nossa missão mais uma vez sendo realizada com este livro, que esclarece sobre as Energias, as quais muito ainda temos que aprender.

Maria do Carmo Payá
Editora

Prefácio

Este livro é fruto de um trabalho árduo de dedicação no campo da Radiestesia prática, que ao longo de anos vem sendo divulgada e experimentada por muitos, porém, com preconceitos e de forma elitizada ou mesmo sendo confundida equivocadamente com segmentos inadequados.

Você vai ter a oportunidade de saber de forma prática direta e objetiva como fazer a mensuração das energias sutis que nos envolvem, e reunir dados para um diagnóstico, até preventivo, e utilizando instrumentos radiestésicos adequados poderá saber quais são os distúrbios energéticos de um ambiente qualquer, e a melhor forma de reequilibrá-lo.

Vai aprender também como proceder no envio de energias sutis corretivas à distância, utilizando gráficos radiestésicos com configurações geométricas planas, que por si só, via Radiônica, ou utilizando energias pessoais, agirão em benefício próprio ou de outras pessoas, em vários sentidos como em terapias de Apoio, coadjuvantes, ou mesmo como recurso ideal para pleno restabelecimento de vários estados de desequilíbrios, mesmo patológicos.

Não é meu objetivo descrever antecipadamente o que será a matéria deste livro e sim citar por quais caminhos de pesquisas enveredou Dr. Renato Guedes de Siqueira, adquirindo imensurável bagagem de conhecimento, pioneiro na divulgação desta matéria e de seus trabalhos pessoais, em São Paulo, de forma séria e despreconceituosa, visando ao esclarecimento e ensino adequado.

É muito oportuna a publicação desta obra literária técnica, pois todo este conhecimento, que já é passado a milhares de pessoas, de todo o país, via cursos regulares promovidos no espaço Renato Guedes, poderá ser desfrutado por muitas mais pessoas.

Foi muito honroso para mim ter sido convidado para prefaciar este livro, pois tenho um profundo respeito pelo meu querido amigo "Dr. Renato" e seu trabalho.

João Oreste Cafarelli

Preâmbulo

Nossa vida é uma busca permanente na identificação divina, muitos são os caminhos que criamos na busca da verdade em auxílio ao próximo.

O meu caminho me levou ao sarcerdócio e a busca dos meios para ajudar ao meu próximo e fui levado ao exercício da Radiestesia e da Radiônica e é dessas duas últimas, que me cabe aqui falar, preambulando um livro, que julgo ser do maior interesse. Faltava-nos um livro, de um autor nacional que viesse ajudar a divulgar essas ciências, e aqui está uma síntese daquilo que o autor ministra no seu curso, aos interessados que, como eu, ali fomos buscar o melhor conhecimento da matéria. Esse, portanto, é um depoimento de alguém que utiliza da Radiestesia e da Radiônica para minorar o sofrimento das pessoas.

A Radiestesia e a Radiônica são duas ciências do mais alto valor e que todos deveriam conhecer.

Permita Deus que esta obra seja lida e experienciada por muitas pessoas e assim quem sabe, muita saúde possa ser adquirida.

São Caetano do Sul, junho de 1996
Pe. José de Souza Primo

Afirmação

Eu sou um elo da Cadeia de Amor do mundo e devo fazer todo possível para que este elo se conserve limpo e forte.

Assim, pois, procurarei ser bom e amável como todos os seres viventes que encontram e ainda com todas as coisas que me rodeiam.

Também protegerei e ajudarei todos aqueles que forem mais fracos do que eu.

Farei todo o possível para ter pensamentos puros e belos, para dizer palavras puras e verdadeiras, e para praticar ações puras e nobres.

Oxalá cada elo da Cadeia de Ouro se conserve puro e forte!

Círculo esotérico da comunhão do pensamento

Introdução

Durante toda a vida desenvolvemos nossa capacidade intelectual, mas ignoramos a sensibilidade de outros níveis de consciência. Assim, é freqüente nos surpreendermos com intuições inexplicáveis que se concretizam com sentimentos de antipatia por pessoas que mal conhecemos ou por fortes e rápidas ligações afetivas que estabelecemos com outras.

Da mesma forma, descobrimos com razoável facilidade o que é bom ou mau, mas não estamos conscientes dessa força na maior parte do tempo. Fatos como esses indicam que as possibilidades do sistema nervoso humano são infinitas, mas não sabemos aproveitá-las. É por isso que a radiestesia pode vir a ser um dos meios para aqueles que desejam empreender uma caminhada no sentido de adquirirem equilíbrio e harmonia pessoais.

Várias teorias e concepções existem para explicar o fenômeno da radiestesia. De forma geral, podemos dizer que a radiestesia está ligada às manifestações da mente. A mente está dividida em duas partes distintas: *o consciente* e o *inconsciente.* No consciente está o racional e no inconsciente o instinto e a intuição. Para a surpresa de muitos, é neste último que se encontra toda a sabedoria do ser humano, pois é aí que são armazenados os conhecimentos auferidos na vida. Para aqueles que acreditam, é no insconsciente que estão os conhecimentos de vidas passadas e os provindos, também, de nossos pais através da hereditariedade.

Na prática da radiestesia, utilizam-se vários instrumentos, sendo que o mais comum é o pêndulo.

O pêndulo é um dos meios de que dispomos para falar com nossa mente inconsciente.

Teoricamente, o pêndulo não erra, porque o inconsciente dá sempre respostas acertadas, desde que a pergunta seja feita à nossa *Mente Inconsciente* de forma precisa, para que a resposta seja positiva ou negativa, ou ainda com outras combinações previamente treinadas.

Desde a famosa vara de *Jacó,* de muitas outras citações na Bíblia (incluindo a vara de *Moisés*) e até os nossos dias, a radiestesia desperta interesse e os livros específicos citam fatos que comprovam sua eficácia.

Dois padres franceses, os abades *Bouly* e *Mermet,* desenvolveram seus estudos sobre o poder do pêndulo durante muitos anos e inclusive organizaram congressos e relataram experiências fantásticas. As aplicações da radiestesia são inúmeras: em prospecções, procedimentos agrícolas, medicina, localização de pessoas e objetos desaparecidos, arqueologia, meteorologia e outras. Existem muitas organizações estudando e praticando a radiestesia em muitos países como a França, Alemanha, Inglaterra, Estados Unidos e outros. Inclusive a radiestesia é considerada como profissão, com todas as implicações inerentes à vida profissional.

Para se ter sucesso com a radiestesia, é preciso que a encaremos como arte e ciência ao alcance de todos. Temos que estudar e entender a nossa mente, mas como este é um estudo profundo, as pessoas pouco gostam de o fazer, e então, justificam os resultados obtidos a dotes ***paranormais.*** Por isso, passam a dizer que a radiestesia é um produto do sobrenatural, que não está ao alcance de meros mortais, o que não é real. Tal concepção não deve afetar quem estiver interessado em aprendê-la, pois ela nada mais é do que a manifestação do nosso inconsciente, faculdade que todos temos. As pessoas não utilizam os conhecimentos que estão no recôndito de suas mentes (inconsciente), desprezando assim o que não é racional e nem lógico. Portanto, a radiestesia não tem conotação mística e nem é de exclusividade de uns poucos iluminados.

É preciso não perder de vista que tudo aquilo que é lógico e racional não é obrigatoriamente o melhor e nem o verdadeiro. A intuição é uma manifestação do inconsciente e ela prima por contrariar o nosso consciente, o que para nós é lógico e racional, não obstante, nossas intuições são sempre certas como a experiência nos ensina. A radiestesia praticamente é o ato de transformar em efeitos físicos essas manifestações intuitivas. O que o interessado tem a fazer é desenvolver o método de entendimento do seu inconsciente, e é isto que buscamos neste livro, a demonstração cabal do imenso saber, que está depositado em nosso íntimo e só vem à luz quando anulamos a interferência nefasta do conhecimento que pretendemos ter no nosso consciente.

O principal fator é o aprimoramento pessoal do operador, adquirindo uma sensibilidade que pode e deve ser desenvolvida, a qual é conseguida através de um aprimoramento pessoal com o estudo, cursos e a leitura de livros adequados que levam o indivíduo a uma nova filosofia de vida. A radiestesia conduz-nos ao conhecimento que temos e ignoramos.

Em primeiro lugar, é necessário que a pessoa acredite em si própria, sabendo que dela faz parte uma área chamada de divina, capaz de tudo, e que sabe tudo . A falta de convicção dessa pessoa é que é o elemento divisor com o sucesso. Se perguntarmos a alguém se ele acha que é um produto divino, ele responderá afirmativamente que sim, entretanto o faz apenas da boca para fora, na realidade existe a dúvida, a insegurança. São muitos poucos aqueles que conseguem vencer essa barreira e esses ficam erigindo para a classe dos "iluminados".

Neste livro, pretendemos demonstrar o que realmente é importante na radiestesia e na radiônica, colocando nas suas devidas dimensões certas particularidades sem importância, que são elegidas como fundamentos e nas quais o leigo se perde em estudos improfícuos, que não os leva a nada, a não ser a uma perda de tempo.

HISTÓRIA

A Radiestesia, que já suscitou inúmeras pesquisas, não é novidade do nosso século, é sim uma ciência tão velha como o mundo, é uma ciência regida por leis, as quais o homem surpreendeu os segredos desde a mais alta antigüidade.

Segundo historiadores e pesquisadores, como *L. Chaumery* e *A. de Belizal*, a radiestesia era utilizada desde a pré-história, conforme provam desenhos nos fundos de grutas e paredes de cavernas, habitadas pelo homem pré-histórico (cavernas do subsolo dos Pirineus). Documentos arqueológicos da civilização peruana, datados de 9.000 a.C., mostram indícios de que também na América a arte da radiestesia era utilizada.

Também existem referências na Bíblia. Uma delas é a passagem em que Oséias reclama do povo judeu, que ao invés de consultá-lo, utilizava-se da varinha para descobrir as coisas. E, não podemos deixar de citar Moisés (Êxodo 17:5-6), Salomão e inclusive a Rainha de Sabá. Em resumo, a radiestesia vem sendo praticada ao longo dos séculos por várias civilizações.

Radiestesia Chinesa

Há 4.200 anos era praticada na China. Existe uma xilografia onde aparece o Imperador *Kwang Yü* (Yü, pronuncia-se I) segurando um objeto parecido com um diapasão. Esse imperador foi célebre por seus conhecimentos em descobrir jazidas minerais, fontes, objetos ocultos e saber determinar os trabalhos da terra de acordo com as diferentes estações. Os chineses primavam por sua habilidade em investigações relativas ao subsolo e em detectar o que chamavam "cauda do dragão" (energia negativa de subsolo), utilizando-se de uma varinha em forma de forquilha. Dessa forma, tomavam o cuidado especial de não construírem sobre esse local.

Radiestesia Egípcia

No Egito, onde já existia um alto grau de civilização, a radiestestia era utilizada com maestria. Essa prática era privilégio da "alta classe", ignorada pelo povo e ensinada aos sacerdotes de uma forma oral e transmitida de século em século, e de forma mais completa do que na China.

Segundo os pesquisadores *Chaumery* e *Belizal,* os egípcios conheciam o segredo das ondas nocivas telúricas naturais de subsolo; dominavam a arte de fabricar e obter ondas de forma de potência infinitamente superior às que se encontram em estado natural no subsolo; conheciam ainda o processo de tornar nocivo um lugar são e também de se imunizar contra essa nocividade.

Nas escavações realizadas nas tumbas do Vale dos Reis foram encontradas varinhas e instrumentos parecidos com pêndulos.

A radiestesia, desde essa época era utilizada por magos, curandeiros e médicos que usavam o pêndulo nas áreas da astrologia, astronomia, medicina, matemática, adivinhações, etc.

Radiestesia na América

Na mesma época em que a China e o Egito detinham os segredos da Radiestesia, que também era conhecida e usada em um continente ainda não descoberto e separado: a América.

Devemos esta revelação aos estudos realizados por *Turenne,* que cita em uma de suas obras um instrumento de alto valor: a *Concha Índia* (emissor de onda de forma).

De qualquer maneira, é um fato constatar que encontramos entre os índios a utilização de ondas de forma. Essa descoberta foi feita nos Andes de Tiahuanaco.

Portanto, a arte da radiestesia vem sendo praticada desde a Antigüidade por quase todos os povos. Além dos já citados, ainda temos registros dessa prática por hindus, persas, peruanos, etruscos, polinésios, hebreus, gregos, romanos e gauleses.

Radiestesia na Idade Média

Na Idade Média, a Radiestesia teve sua fase áurea na Europa. A mineração florescia em todo o continente, pois o emprego dos metais se ampliava a cada instante e as varas ou forquilhas eram os instrumentos mais usados para as descobertas de minas de carvão, cobre, estanho, prata, ouro, chumbo, etc.

Nessa mesma época, já eram feitas referências a bastões, cajados, varas de bambu e outros instrumentos análogos.

No final do século XVIII, através de pesquisas inovadoras, verificou-se o renascimento do pêndulo. A primeira referência ao seu uso encontra-se no livro *"Física Curiosa"*, do Padre *Schott* (ano 1662), onde o pêndulo recebeu o nome de *"Pêndulo-Explorador"*. Mas, no entanto, o lançamento real do pêndulo deu-se em 1798. E foi a partir do século XIX que alguns cientistas passaram a se dedicar ao estudo do pêndulo.

Radiestesia no Século XX

No início do século XX é que o verdadeiro renascimento da Radiestesia ocorreu, adquirindo uma outra dimensão. Aprimoraram-se as pesquisas de subsolo, ampliaram-se o nível de experiências, testes e observações em diversos setores da atividade humana.

Devido ao surgimento dos novos estudos e descobertas, os radiestesistas se organizaram em congressos de nível internacional, para expôr e debater suas experiências e resultados. Desde então criaram-se associações e grupos de pesquisas, e os livros com esses materiais começaram a ser editados.

O primeiro congresso de radiestesistas ocorreu em 1911, em Hanover, na Alemanha. Em 1913, aconteceu o segundo congresso, na Inglaterra; e após este, foi fundada, por Paul Beyer, a União Internacional de Radiestesia, na Alemanha.

A radiestesia foi amplamente utilizada na Primeira Guerra Mundial (1914-1918) para serviço de busca de minas enterradas e de cavidades subterrâneas que serviram de abrigo, contando para este feito com a extraordinária ajuda radiestésica do Abade Bouly.

No pós-guerra, a radiestesia tomou um grande impulso com a descoberta da prospecção à distância – Teleradiestesia, realizada pelo Abade Mermet, alcunhado de "Príncipe dos Radiestesistas", por seus inúmeros feitos.

Em 1922, o pioneiro americano *Dr. Albert Abrahams* verdadeiramente inaugurou, através da publicação de seu livro sobre o uso do pêndulo na detecção, diagnóstico e tratamento de doenças, *"A Ciência da Radiestesia Médica"*.

Abrahams veio a compreender que o corpo humano é, na realidade, uma espécie de estação de rádio enviando mensagens – radiações de alta freqüência – a partir de cada célula, tecido ou órgão. Aprendeu que o pêndulo pode captar tais radiações e determinar sua vibração, o que representa saúde ou doença.

Na França, ainda nesta época, *Andrés Bovis* descobriu nova função para o pêndulo na determinação da qualidade dos alimentos e das correntes magnéticas sutis da Terra, que afetam as estruturas presentes sobre a sua superfície. Verificou, ainda, que a Terra tem correntes magnéticas positivas que fluem de Norte a Sul, e correntes magnéticas negativas que fluem de Leste a Oeste. Esta pequisa mostra que os corpos humanos eram curiosamente afetados por essas linhas magnéticas de força.

Desta forma, podemos concluir que, somente a partir de 1922, a civilização atual tomou conhecimento da radiestesia e começou a trabalhar com o que os egípcios, chineses e outros povos já dominavam na Antigüidade.

Abade *Bouly* criou o vocábulo que até hoje empregamos: *"Radiestesia"*, sancionado pelo Congresso em Avignon. Por volta de 1933, criava-se a *Associação Internacional de Médicos Radiestesistas e a Seção Radiestésica Médica*, dependente da Academia de Medicina de Paris.

A grande revolução no âmbito radiestésico inicia-se com o Abade Mermet, que desde os finais do século XIX até 1937 deixou as bases de uma disciplina coerente, ordenada, racional e desprovida de mistérios.

Radiestesia no Brasil

É muito difícil estabelecer a história da Radiestesia no Brasil, uma vez que os seus principais autores, os padres da Igreja Católica, a mantiveram praticamente entre as paredes dos templos e mosteiros, procurando mais usá-la do que divulgá-la.

A primeira atividade radiestésica pública aconteceu no início do século com os franciscanos das Missões do Mato Grosso diagnosticando e tratando o povo da região, utilizando o pêndulo e receitando com acerto as plantas medicinais regionais (remédios da terra).

Além disso, existiu em São Paulo, na década de 30, a *Sociedade Brasileira de Radiestesia,* fundada e presidida pelo *Dr. Alfredo Becker,* o primeiro autor brasileiro que publicou um livro sobre o assunto em 1935.

Em 1941, foi editado o livro *"A Radiestesia"* de autoria de *V. Goulart* (vice-presidente da Associação).

O pioneiro nessa atividade foi o padre *Jean Louis Bourdoux* (discípulo de *Mermet*), que começou a pesquisar e estudar as qualidades medicinais das plantas da região através da radiestesia e o auxílio do pêndulo.

Em 1952, Bourdoux publicou o livro *"Noções Práticas de Radiestesia"*, sendo que o original foi publicado na França, em 1932.

Jean Louis iniciou muitos padres na arte da radiestesia e entre eles o frei *Francisco Maria Herail.*

Frei Francisco, nascido na França em 1897, desenvolveu suas atividades missionárias no Mato Grosso do

Sul e depois em São Paulo. Dedicou-se também ao estudo e conhecimento das plantas e da radiestesia, atendendo milhares de pessoas. Também especializou-se em achar água com a forquilha, nas épocas de seca, quando viveu no Mato Grosso. Demarcou vários poços d'água e também procurou veios de ouro. No campo da Radiestesia, sua atividade foi muito intensa. Não julgava a sua capacidade como dom paranormal, mas sim como uma capacidade inata igual a todas às pessoas sem nada de magia ou bruxaria. Para ele, a radiestesia era um meio totalmente científico.

Na França, frei *Francisco* conheceu o frei *Ignácio*, que também veio para o Brasil e viveu em São Paulo.

Frei *Ignácio*, além de ser um grande radiestesista, prático e teórico, era um grande físico e químico. Aqui no Brasil fez vários amigos radiestesistas, como o engenheiro *Alfredo Ernesto Becker*, especialista em construção civil.

A pedido de *Alfredo Becker*, frei *Ignácio* desenvolveu um aparelho magnético, capaz de neutralizar as correntes negativas do subsolo, responsáveis por doenças, como a tuberculose e o câncer. Este aparelho chamado *Radion* é fabricado até hoje.

Outro destaque na área foi o professor *Virgílio Goulart*, um dos fundadores e vice-presidente da Associação Brasileira de Radiestesia. Foi o autor do segundo livro de Radiestesia escrito no Brasil: *"A Radiestesia em Seis Lições Práticas"*. Seu trabalho foi muito importante, pois além de ministrar vários cursos, também conseguiu congregar várias pessoas que trocavam idéias e experiências. Sua especialização foi sobre prospecções de solo.

Nessa época também se destacou *Maria Luisa Azevedo,* que aprendeu a arte da radiestesia na França quando se dedicava ao estudo da música. Foi aluna de *Leon Vannier,* que surpreendido com a sua sensibilidade a elegeu como auxiliar em seus diagnósticos das doenças através da radiestesia e, posteriormente, à cura através da homeopatia.

Outro pioneiro foi o militar, professor e engenheiro civil *José de Castelo Branco,* que publicou em 1947 o livro *"Noções Elementares de Hidrologia e Radiestesia"*. Ele dizia que os hidrólogos perdiam muito tempo e dinheiro para encontrar água e que o radiestesista por meio de sua sensibilidade a percebe através das formações geológicas. Este livro é considerado uma raridade.

Em 1960, outro radiestesista, o professor *F. M. Palhoto,* autor de *"Tratado de Bioradiestesia - Novíssima Ciência de Curar pela Irradiação Eletromagnética",* foi o primeiro a tentar oficializar a radiestesia no Brasil e seu pedido foi indeferido pela *Associação Paulista de Medicina.*

Nos anos recentes, muitos métodos, caminhos e processos de autodesenvolvimento, de auto-realização e de autotransformação têm vindo à luz e têm sido redescobertos, contribuindo para valorizar milhões de vidas.

Ainda que vários cientistas de renome do século XX tenham visto o fenômeno com preconceito, ceticismo e zombaria, autores não menos importantes como *Alexis Carrel e Albert Einsten* defenderam a sua utilização. Para *Charles Richet,* ganhador francês do Prêmio Nobel, a Radiestesia é um fato que temos que aceitar.

A Radiestesia e a Medicina

"O médico precisa dectetar em cada paciente as características da sua individualidade, a sua resistência às causas de enfermidades, sua sensibilidade à dor, o estado de todas as suas funções orgânicas, o seu passado, assim como o seu futuro. Ele deve manter um espírito aberto, livre de preconceitos pessoais sobre a suposta inocuidade de certos métodos não ortodoxos de investigação. E deve lembrar-se, neste caso, de que a radiestesia é digna da mais séria consideração".

(Opinião do Dr. Alexis Carrel - Prêmio Nobel).

Radiestesia e a Eletricidade

Resposta de *Tomas Edson* quando lhe perguntaram o que era a eletricidade:

"Eu não sei o que é, mas ela está aí, então vamos aproveitá-la".

Obs.: Em muitos casos, a resposta se aplica à radiestesia.

RADIESTESIA

A *radiestesia* é a arte de se sensibilizar com radiações. O termo vem do latim (*radius*) que significa radiações e do grego (aesthesis), que quer dizer sensibilidade, ou seja, sensibilidade à radiação.

É cientificamente comprovado que todos os corpos emitem radiações na forma de ondas (vibrações), que nos rodeiam o tempo todo e estimulam de forma contínua nosso sistema nervoso, que as conduzem ao cérebro onde ficam registradas em nosso inconsciente, pois tudo vibra, tudo irradia no Universo, do exterior para o interior.

Quando entramos em sintonia com as ondas externas, o cérebro as capta e manda a informação para o nosso inconsciente e esse emite ondas internas através da sensibilidade neuromuscular, provocando a reação externa em forma de movimentos nos instrumentos radiestésicos utilizados no momento (varinha, pêndulo, aurameter, etc.).

Sendo assim, o instrumento radiestésico funciona como amplificador e passa a ser um prático instrumento de conhecimento e autoconhecimento, que a partir de determinados movimentos nos fornece respostas claras e objetivas a questões de qualquer natureza, tais como diagnósticos médicos, existência de jazidas, águas subterrâneas, pessoas e objetos desaparecidos, etc.

Essa pesquisa só é possível de ser realizada, quando ocorre a perfeita sintonia entre as radiações dos objetos ou anomalias e nosso sistema neuromuscular. A essa sintonia dá-se o nome de ressonância*. Dessa forma, o nosso sistema emite impulsos involuntários que provocarão movimentos nos instrumentos radiestésicos. Sendo assim, o objeto da pesquisa irá atuar como um emissor, o cérebro como um receptor e o instrumento radiestésico como um amplificador.

---

* **Ressonância:** termo usado para descrever os fenômenos em que ocorre sintonia procedente dos seres e das coisas que permite a sua identificação.

Processo das Radiações

Ondas externas – cérebro (inconsciente)

Sistema neuromuscular – expressão cinemática dos aparelhos radiestésicos

Objeto procurado ou pesquisado - emissor

Cérebro – receptor

Instrumento radiestésico – amplificador

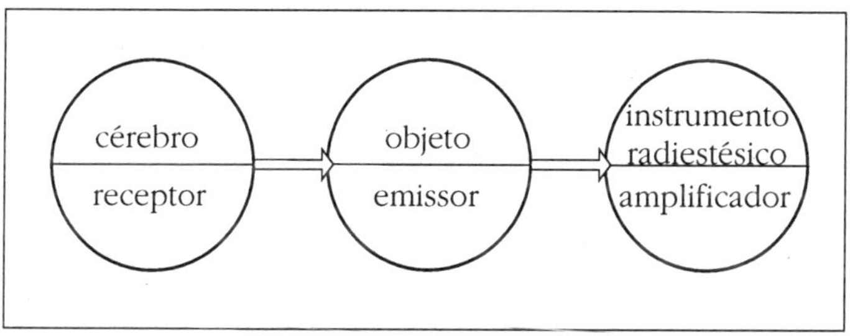

Fig. 1

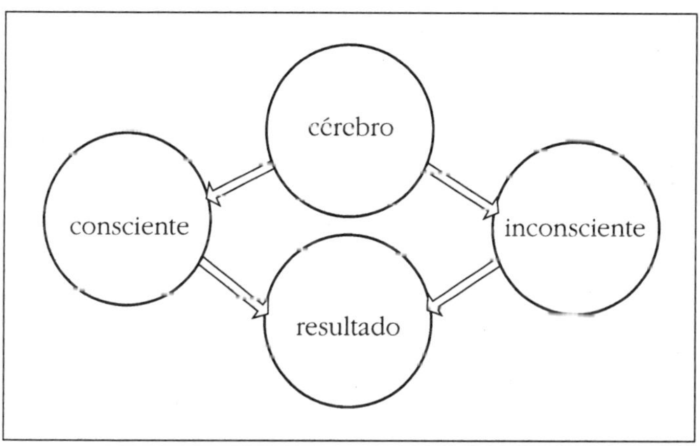

Fig. 2

Conselhos Práticos para um Trabalho Radiestésico

1. Use 15 minutos diários para a prática da radiestesia.

2. Procure estar descansado, sem preocupações, sem tensões, sem pressa e sem **energia negativa**.

3. Apoiar os pés no chão e a mão livre sobre a mesa.

4. Evite a presença de outras pessoas.

5. Não use calmantes. Sua tensão, se houver, desaparecerá com a observação do pêndulo (o movimento pendular o conduzirá ao estado *Alfa*).

6. Procure manter a neutralidade mental: no início é comum influenciar os movimentos do pêndulo.

7. Muita paciência. A radiestesia só tem um segredo: trabalho, pesquisa e prudência.

8. Adquirir autoconfiança. Estar convencido de que o pêndulo funciona na sua mão. Fazer exercícios que possam ser comprovados.

9. Desenvolva a sensibilidade através de outros exercícios de desenvolvimento sensorial.

10. Posicione-se de frente para o norte magnético, se possível.

11. Cuidado com os campos artificiais produzidos por aparelhos elétricos ou eletrônicos e energia telúrica.

12. Procure usar testemunhos em seus trabalhos.

13. Não esqueça de remover remanescências e impregnações.

14. Quando o pêndulo não se movimentar, a causa pode ser uma mudança climática brusca (desequilíbrio de Íons), cansaço ou tensão do praticante. Deixar a pesquisa para outro momento.

15. Faça anotações, gráficos e ***pratique***.

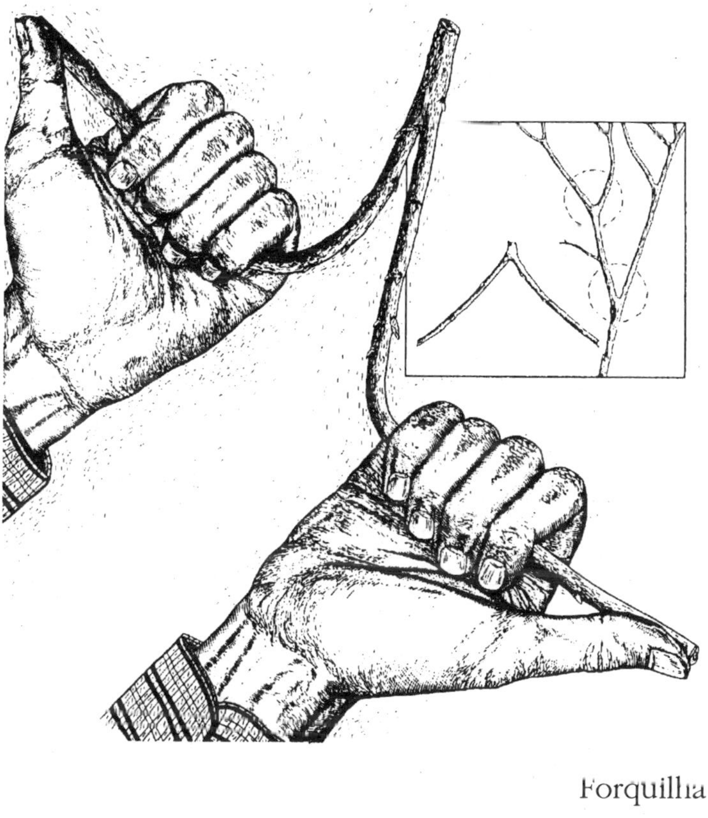

Forquilha

INSTRUMENTOS USADOS NA RADIESTESIA

Varinha ou Forquilha

A varinha é um dos instrumentos radiestésicos que também é amplificador de reflexos neuromusculares insconscientes e que revela a existência ou característica de um objeto pesquisado. Tem sido usada com freqüência para as mais variadas finalidades, por duas razões basicas: é prática e de fácil aquisição. É preferida por muitos radiestesistas devido a sua versatilidade na detecção de jazidas, de águas, determinação de profundidades, etc.

Consiste geralmente numa haste flexível em forma de *Y*. Pode ser de madeira, aço, cobre, etc.

Deve-se segurar a varinha ou forquilha com a extremidade dos dedos (Fig. 3) e com as palmas das mãos viradas para cima, de forma a segurá-la com todos os dedos fechados (Fig.4). Os antebraços do operador devem ficar na posição horizontal e os cotovelos junto ao corpo.

Inicia-se então o processo da prospecção andando lentamente sobre o terreno e, ao atingir-se o ponto procurado, a varinha pode abaixar-se ou levantar-se, denotando assim a existência daquilo que procuramos. O sentido do movimento dependerá da convenção mental do radiestesista. Por exemplo, ao passar por um ponto de água dar-se-á o movimento da varinha.

Se andarmos em zig-zag, seus movimentos irão detectar a trilha certa dos veios subterrâneos, possibilitando assim o mapeamento do terreno.

Apesar de séculos terem passado, o uso da varinha ainda persiste e diariamente constatamos a necessidade de seu uso pela facilidade que oferece e pela utilidade de suas respostas.

Desenhos das varinhas

Forquilha

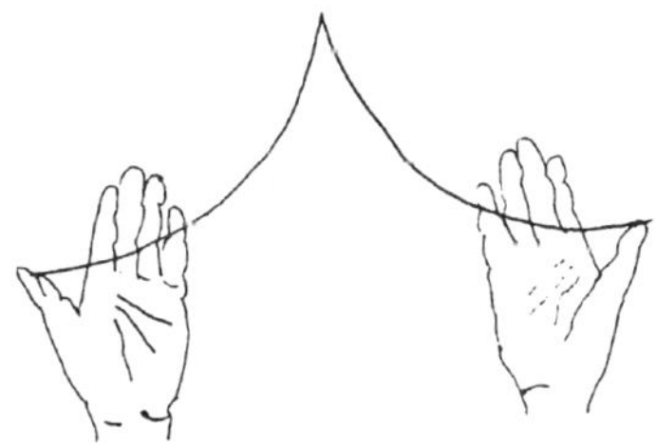

Fig. 3

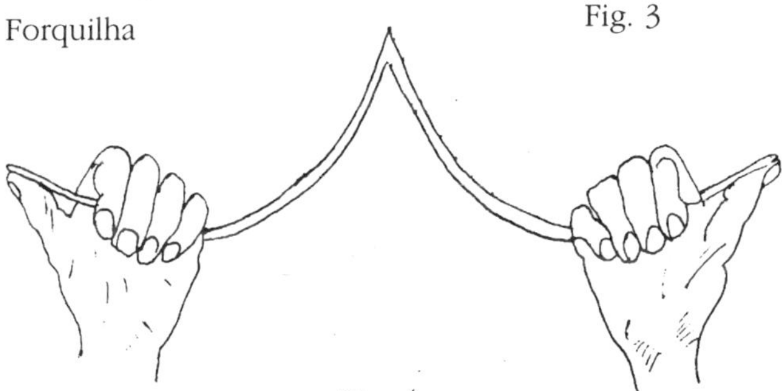

Fig. 4

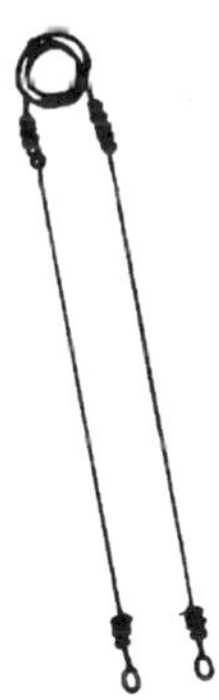

Vara de Metal
Fig. 5

Dual-Rod

Dual-rod, expressão em inglês que quer dizer duas varinhas. Sua principal aplicação é para a caracterização de uma fonte de energia. Caracterizada a fonte de energia, caberá ao operador discernir se trata de uma energia negativa ou positiva.

Por exemplo, onde existir um foco de energia telúrica, as aletas do dual-rod vão se cruzar, sendo que o operador as vinha mantendo em paralelo no sentido horizontal.

Na prospecção de uma pessoa, posicionando-se o aparelho em direção aos *Chackras,* as aletas vão se cruzar, o que quer dizer que os mesmos estão em boas condições. Quando as aletas se afastarem uma da outra significará que os *Chackras* estão em más condições de funcionamento (Figs. 6 e 7).

Quando na prospecção da aura, as aletas serão posicionadas lateralmente no corpo da pessoa examinada e deverão estar eqüidistantes, delimitando a aura da saúde, se a mesma estiver bem. Mas, quando o paciente estiver com a aura negativa uma das aletas encostará no seu corpo, enquanto que a outra se afastará mostrando o desequilíbrio (Figs. 8 e 9).

O candidato a operador deve, antes de concluir por análises terminantes, proceder a um bom treinamento. Por exemplo, deve treinar movimentando-se pela casa com as varinhas em paralelo e assim habituar-se aos seus movimentos. Adquirindo prática, sensibiliza-se facilmente quando qualquer energia fluir no aparelho, especialmente quando provir de uma pessoa.

Não esquecer que ele próprio, o operador, deverá estar perfeitamente equilibrado, pois se não estiver, sua medição não será digna de confiança.

Obs.: Algumas pessoas escrevem o nome desse aparelho de maneira errada. Usam a grafia *Dual-Road*, quando na verdade a grafia correta é *Dual-Rod* (duas varinhas).

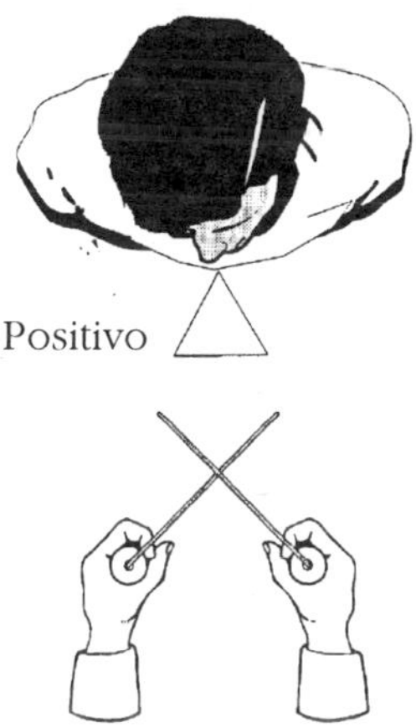

Fig. 6

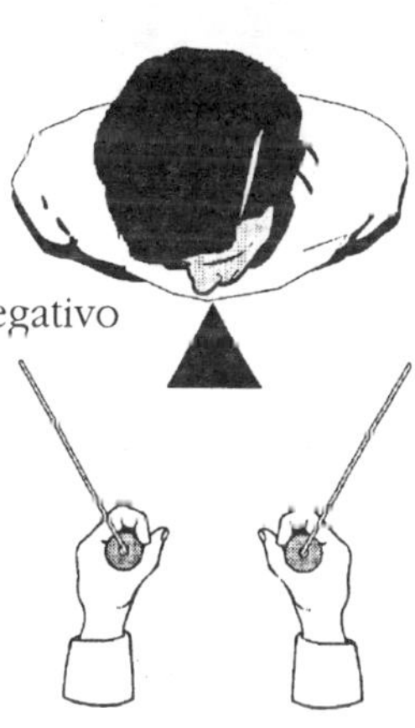

Fig. 7

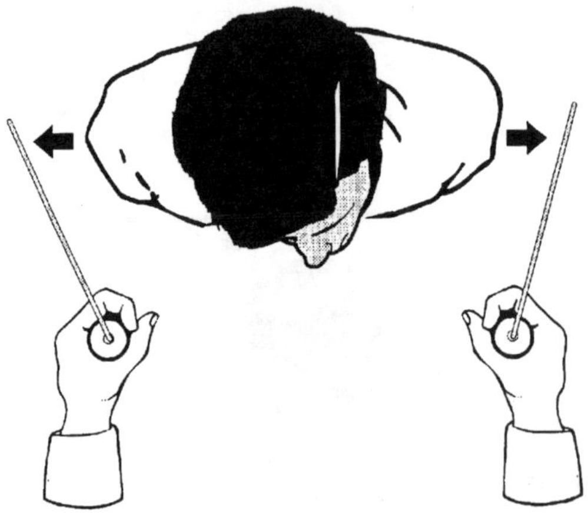

Fig. 8

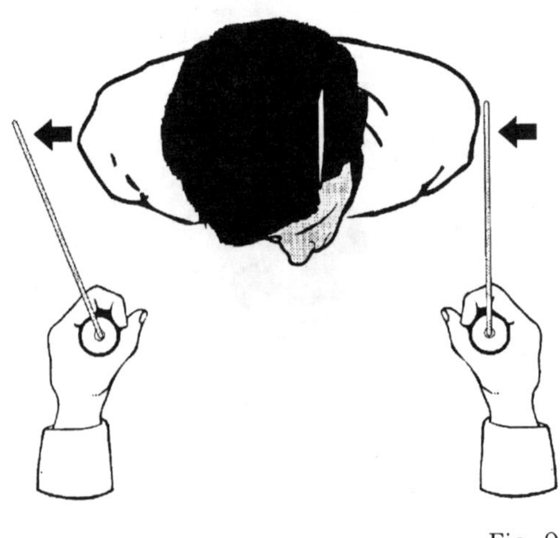

Fig. 9

Dual-Rod

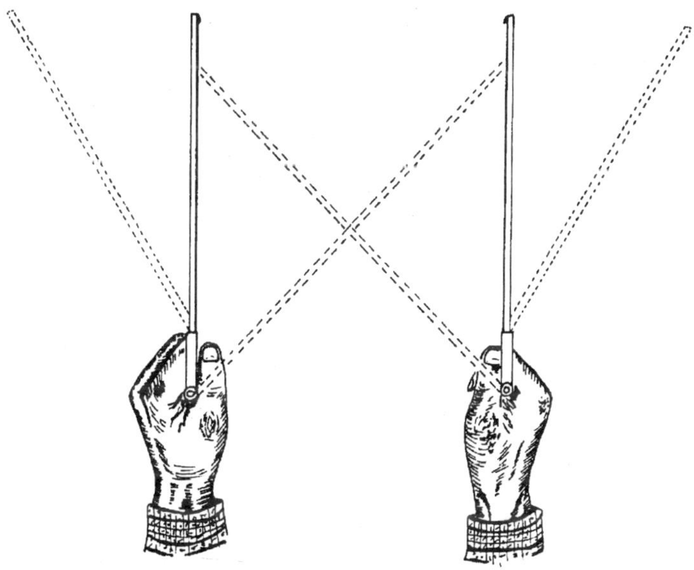

Fig. 10

1) Cruzamento: detecção de uma fonte energética.
2) Abertura: ausência de energia.

PÊNDULO

É um instrumento que serve de ligação entre o Inconsciente e o Consciente. O pêndulo é apenas um peso na ponta de um fio flexível e resistente. Seu formato deve ser sempre simétrico, redondo ou alongado e em alguns casos podem ser ocos, para colocarmos amostras (testemunho) dentro. A maioria das pessoas se preocupa com o material e com as formas de um pêndulo, chegando a exageros inadmissíveis. Não importa se ele é de madeira, cristal ou metal. O importante é que deve ser uniforme para que não haja desequilíbrio de peso em si próprio.

O pêndulo é a expressão física dos conhecimentos que nós temos no Inconsciente, e essa expressão passa para o Consciente através da leitura dos movimentos pendulares. Recomenda-se um exercício simples (convenções) para se estabelecer uma linguagem de entendimento entre Consciente e Inconsciente. Através de linhas paralelas, verticais, horizontais e movimentos giratórios, faz-se uma série de convenções com o pêndulo. Exercício a seguir:

Linhas Paralelas

Pegue o pêndulo e segure a corrente á mais ou menos 15 a 20cm de distância; agora dê um impulso no pêndulo sobre as linhas paralelas verticais do centro e mantenha esse movimento, entretanto sem influenciar o pêndulo. Agora, lentamente sem movimentos bruscos, leve sua mão sobre as linhas paralelas inclinadas à sua esquerda e observe que o pêndulo vai mudar de direção para acompanhar o sentido das linhas. Faça então o movimento inverso, trazendo sua mão para as linhas paralelas verticais do centro; verifique então como novamente o pêndulo assume o movimento vertical reto. Depois, suavemente leve sua mão para as linhas paralelas que estão à sua direita. Novamente observará que independentemente da sua vontade (consciente) o movimento pendular será o mesmo do sentido das linhas.

Que conclusão tiramos disso?

Em primeiro lugar, que é o Inconsciente do operador que dirige o movimento pendular, pois, quando você leva a mão às linhas inclinadas, o seu Inconsciente se sintoniza com a freqüência de linha inclinada e determina ao seu sistema nervoso e muscular que impulsione o pêndulo no sentido inclinado.

Quando usamos o pêndulo, devemos estar relaxados e não permitir que o Consciente influencie o pêndulo, pois o nosso Inconsciente é capaz de sintonizar-se com as freqüências. Daí o porquê de não podermos pensar em coisas negativas, pois senão o Inconsciente sintonizar-se-á com essas energias prejudiciais ao ser humano, afetando nossa prospecção.

Linhas Cruzadas

Coloque o pêndulo sobre a intersecção dessas linhas. Agora sim, você vai dar ordens mentais, para que o pêndulo faça o movimento vertical e, quando ele começar a fazer o movimento, você lhe dirá que faça mais forte, mais acentuado. Verifique, então, que sua ordem mental foi atendida. Entre um movimento e outro, dê uma ordem, para que ele pare, em seguida comande para que ele faça o movimento horizontal, ordem que o pêndulo obedecerá com presteza. Você ficará aturdido, embevecido, entretanto não há motivos para alegria, pois esse exercício das linhas cruzadas só serve para demonstrar como o seu Consciente influencia o pêndulo em radiestesia. O que desejamos é a informação do nosso inconsciente. Se deixarmos o consciente influenciar o inconsciente não há razão de aprendermos radiestesia e nem de usarmos o pêndulo. Use o seu *"Racional"* como sempre o fez.

Semicírculos

Para fazer este terceiro exercício, existe a necessidade de um entendimento entre Consciente e Inconsciente, para a leitura das respostas. O radiestesista chama esse entendimento de "convenções mentais". Este exercício das linhas dos semicírculos da direita e da esquerda serve para o aprendizado da convenção com o seu Inconsciente.

Posicione o pêndulo sobre o ponto central do semicírculo à sua direita e determine mentalmente que faça o giro no sentido horário (da esquerda para a direita), o pêndulo começará a girar de acordo com sua ordem mental consciente, determine que ele faça esses giros mais fortes e acentuados. Verifique como ele obedece à sua ordem, e enquanto ele estiver fazendo esse movimento circular horário, ainda mentalmente explique para o seu Inconsciente que esse movimento significa ***Sim*** (positivo) e que toda vez que você fizer uma pergunta e ele girar no sentido horário, será um sim como resposta à pergunta feita.

No semicírculo à sua esquerda ocorre exatamente o contrário do desenho anterior. Coloque o pêndulo no ponto e determine que ele faça movimentos giratórios da direita para a esquerda no sentido anti-horário, e nesse momento explique mentalmente ao seu Inconsciente que esse movimento é negativo, o que significa que será um ***Não*** às perguntas que forem feitas futuramente.

Convenções

Você fará com seu pêndulo e seus aparelhos de radiestesia convenções de outros tipos. Por exemplo, o movimento oscilatório e o vertical significam sintonia ou positivo, já o movimento transversal (corte) poderá significar falta de sintonia ou negativo.

Com o *Dual-Rod,* o cruzamento das duas aletas significa a detecção de uma fonte de energia.

Com o *Aurameter* o movimento vertical será positivo, (afirmativo), o movimento horizontal será negativo (não).

Desenho: Modelos de Pêndulos

Exercícios:

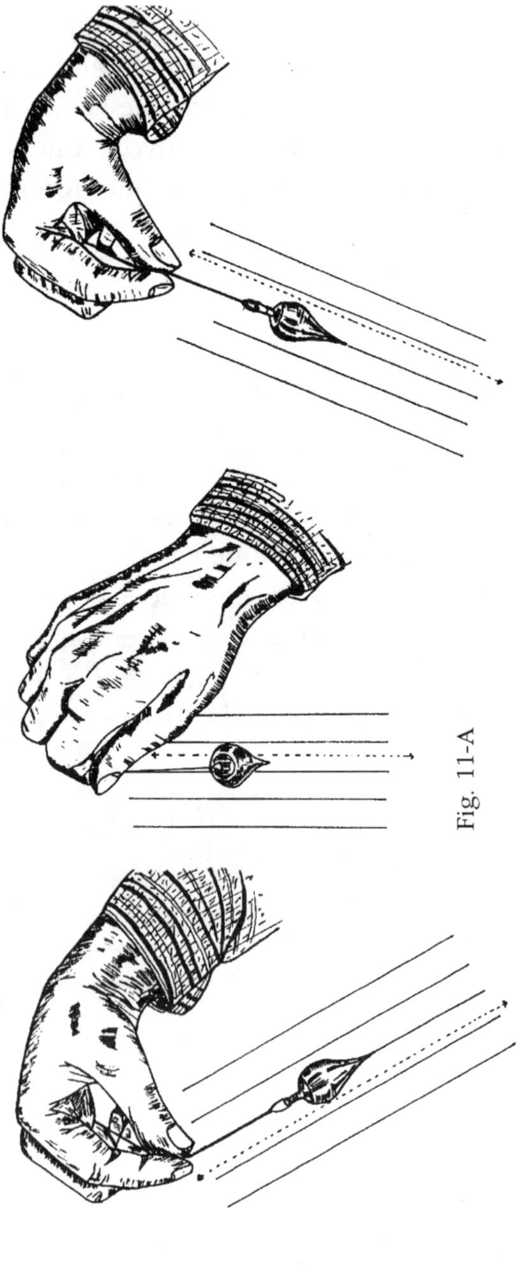

Fig. 11-C

Fig. 11-A

Fig. 11-B

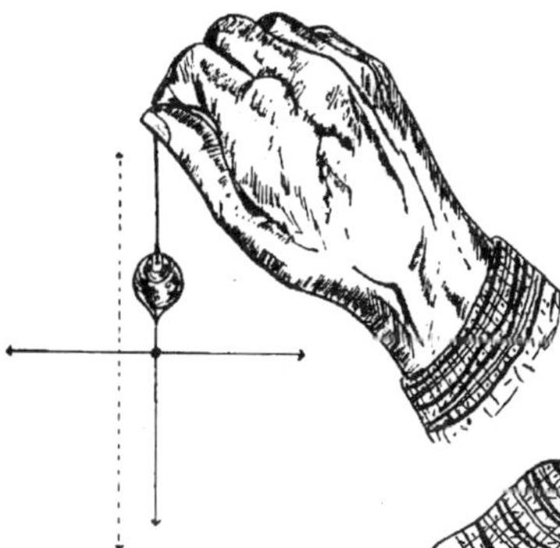

Fig. 12-A

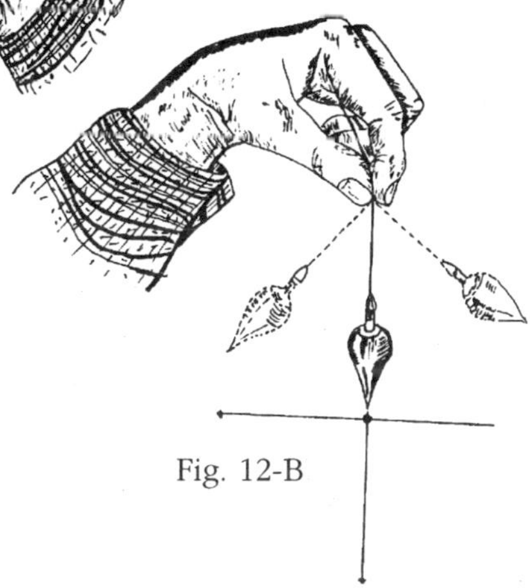

Fig. 12-B

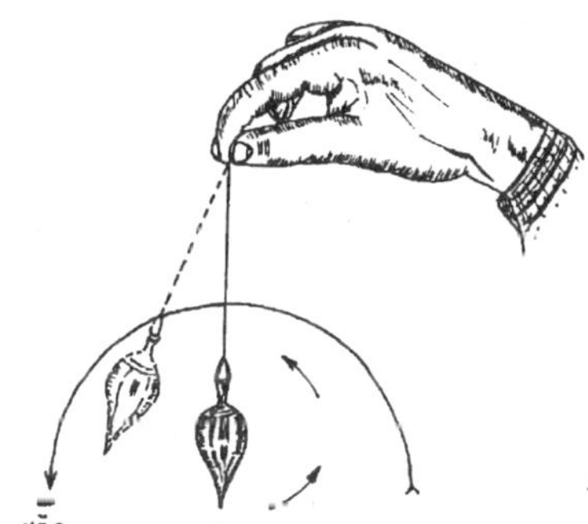

Fig. 13-A

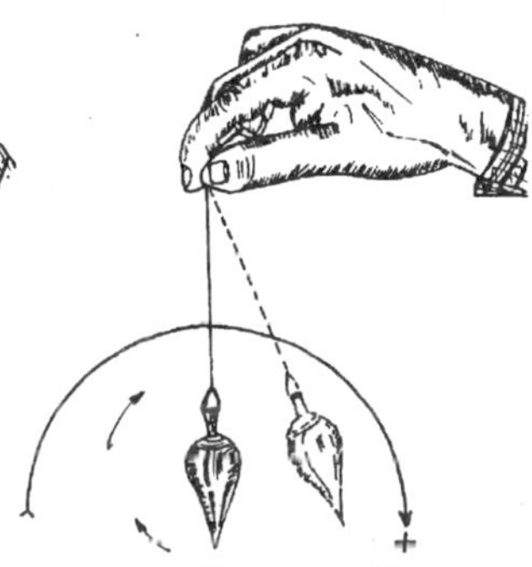

Fig. 13-B

Modelos de Pêndulos

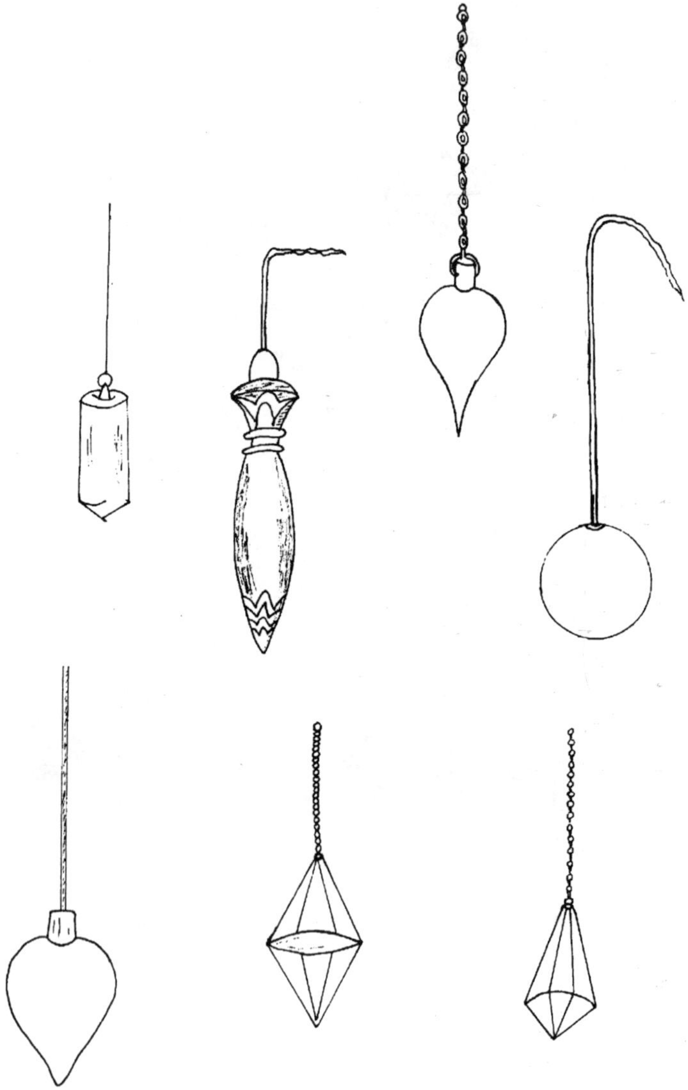

Fig. 14

Movimentos Pendulares

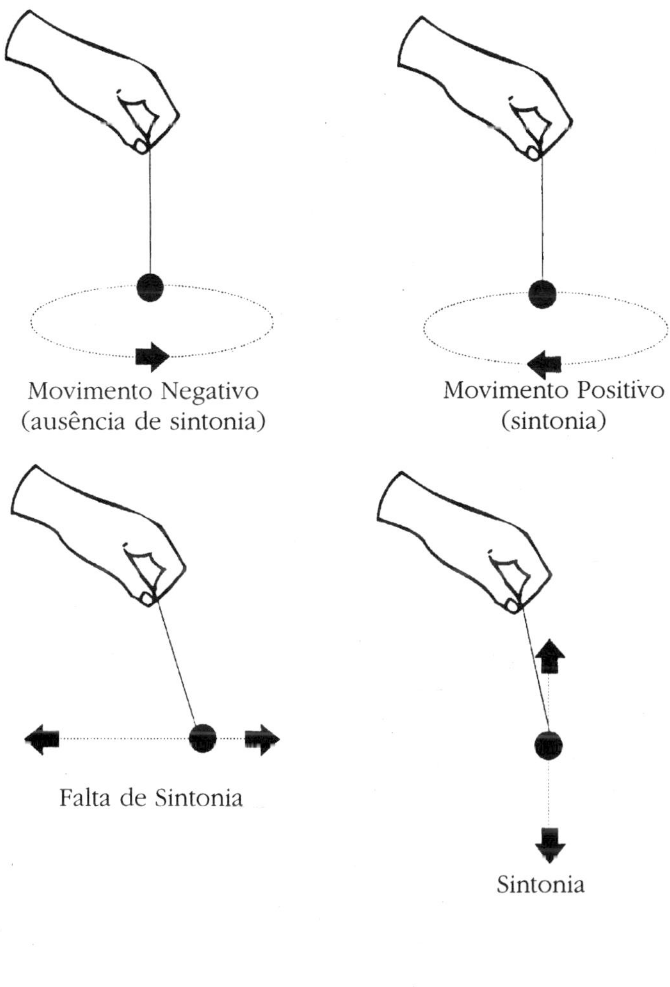

Fig. 13-C

PÊNDULO CROMÁTICO OU PÊNDULO DE CONE FICTÍCIO

O pêndulo cromático é um pêndulo idealizado por dois grandes radiestesistas, Chaumery e Belizal.

É um detector que possui grandes possibilidades no âmbito da pesquisa e trabalhos radiestésicos.

Este pêndulo é composto por um cilindro de madeira, em cujas extremidades há dois cones. Ao longo do cilindro estão marcadas as freqüências vibratórias do espectro, tanto as chamadas visíveis, quanto as invisíveis.

Uma plataforma circular, que longitudinalmente circundando do cilindro vai criando, dependendo da altura em que se coloca, cones de diferentes ângulos. A vibração com a qual se sintoniza é lida sobre a madeira cilíndrica graduada.

Com ele pode-se sintonizar com a cor pessoal ou onda individual que é a que nos diferencia de qualquer outra pessoa desde o momento de nosso nascimento até a morte.

Há também a possibilidade de separar ondas diferentes num mesmo objeto, dependendo da regulagem do fio de suspensão.

Este detector tem três nós. O primeiro (o nó de baixo, o mais próximo ao pêndulo) corresponde à regulagem Biométrica que se sintoniza com a onda ou cor pessoal, e deve ser usada para todas as medidas biométricas.

O segundo nó é o mais sensível para detectar a energia de forma, as ondas de forma.

O terceiro nó (o último e mais afastado do pêndulo) é sensível unicamente aos raios de cor, às cores visíveis.

Regulando a plataforma do pêndulo no V- da extremidade inferior estamos sintonizando-o com as correntes telúricas nocivas da água.

Regulando-o no V- da extremidade superior, entra em ressonância com cavidades ou falhas subterrâneas nocivas.

Se queremos detectar estas ondas nocivas no solo, operamos com ele no segundo nó (o nó das ondas de forma); mas se queremos ver a impregnação ou não destas ondas na pessoa, ou no seu testemunho, devemos operar com o pêndulo no primeiro nó (o nó biométrico).

Campo Artificial de Forma

Quando se utiliza o pêndulo cromático, observamos uma manifestação curiosa. Sintonizando-o no ***V+*** e segurando o fio na altura do *primeiro nó*, o pêndulo fará oscilações no sentido *Norte-Sul*, e segurando-o no *segundo nó*, as oscilações serão no sentido *Leste-Oeste*, funcionando como se fosse uma bússola. Esta particularidade do pêndulo cromático nos permite estabelecer o ponto mais exato dos três diferentes nós.

Assim, quando pegamos o pêndulo ainda sem os nós, vamos soltando o fio de nossos dedos vagarosamente até que ele faça oscilações no sentido *N-S*, então fazemos nesse ponto o *primeiro nó*. Continuamos o processo até que o pêndulo faça as oscilações no sentido *L-O*, este será o lugar do *segundo nó*; continuamos a soltar o fio e em determinado momento, ao invés de fazer oscilações, ele fará rotações no sentido horário, e este será então o lugar do *terceiro nó*.

Pêndulo Cromático

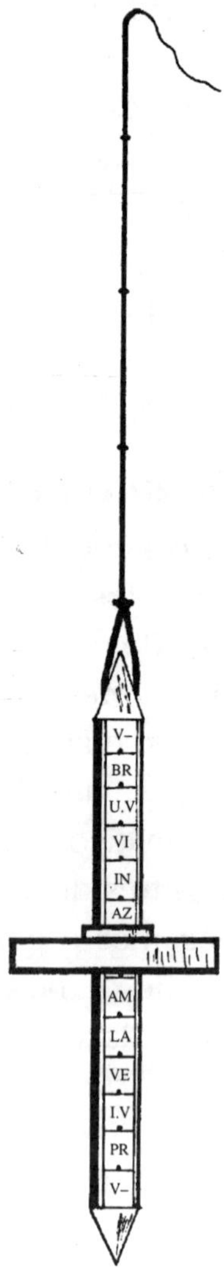

Fig. 15

Recomenda-se que o radiestesista trabalhe sempre voltado para o Norte, entretanto isto dificulta o trabalho do operador, porém colocando-se uma circunferência preta acima de um gráfico e uma branca abaixo dele, estaremos estabelecendo mentalmente, que o Norte está na direção da bola preta e o *Sul*, na da bola branca (Fig. 16), e isto é o que chamamos de ***Campo Artificial de Forma***.

Colocando-se o pêndulo cromático neste gráfico constataremos que ele fará oscilações verticais entre a bola preta e a bola branca, segurando-se no primeiro nó, e oscilações horizontais cortando o gráfico e segurando-se no segundo nó, como se fora *L-O*. Consulte a Fig. 16 para fazer os nós no seu pêndulo cromático.

Campo Artificial de Forma

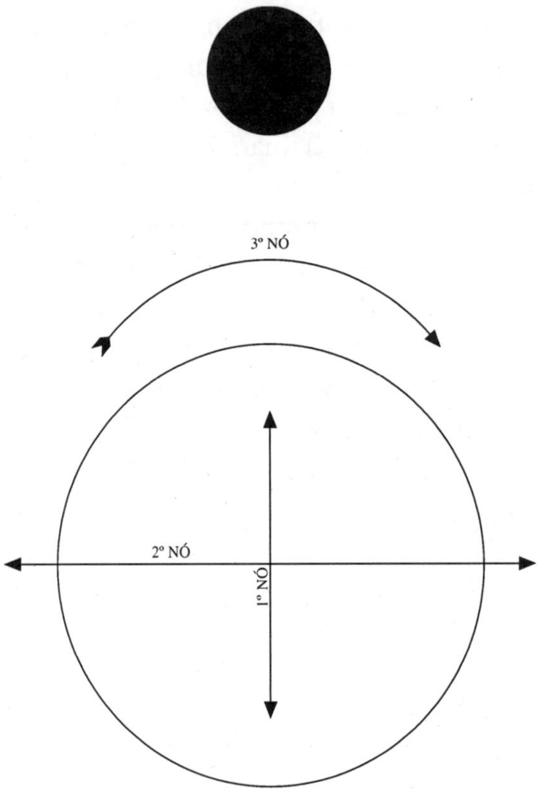

Fig. 16

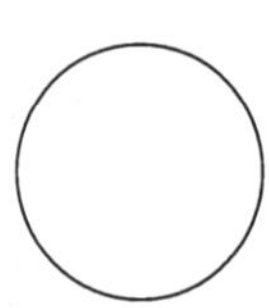

Aurameter

É um delicado instrumento de precisão, que pode ser utilizado em experiências científicas de radiestesia.

Foi idealizado por *Verne Cameron*, mas o nome de *Aurâmetro* foi dado por um amigo *Max Freedom Long*.

Com ele, você pode delinear a aura humana, localizar fontes de água subterrânea, enfim, fazer tudo o que se faz normalmente com um pêndulo.

Este instrumento lhe dará resultados muito satisfatórios se for usado pacientemente e sem julgamentos pré-concebidos.

Adquirida a prática com o aurameter, ele se tornará insubstituível. Há a necessidade de muito treinamento para não se tirar conclusões erradas, dada a sua extrema sensibilidade.

Prospeção da Aura e Chackras

Segure o aparelho com o polegar e o indicador, da forma mais leve possível, procurando estabelecer uma linha reta entre o aparelho e o seu antebraço.

Quando for medir a aura do paciente, aproxime o aparelho lateralmente na altura dos ombros. À medida que você aproxima o aurameter, encontrará uma resistência e notará que o mesmo vai se manter a uma certa distância da pessoa examinada, e esta será a medida da aura da saúde ou duplo etérico desta pessoa. Esta mesma medida deverá ser encontrada do outro lado, e isso significa que a pessoa está equilibrada (Fig. 18). Entretanto, se você notar que delimitada a aura, o aparelho começa a se afastar da pessoa em pequenos fluxos, significa que ela está perdendo energia. Colo-

Aurameter

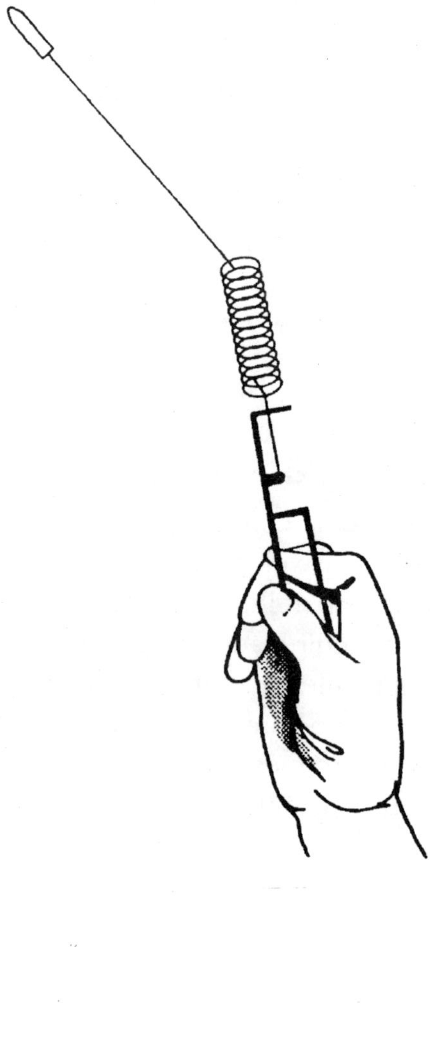

Fig. 17

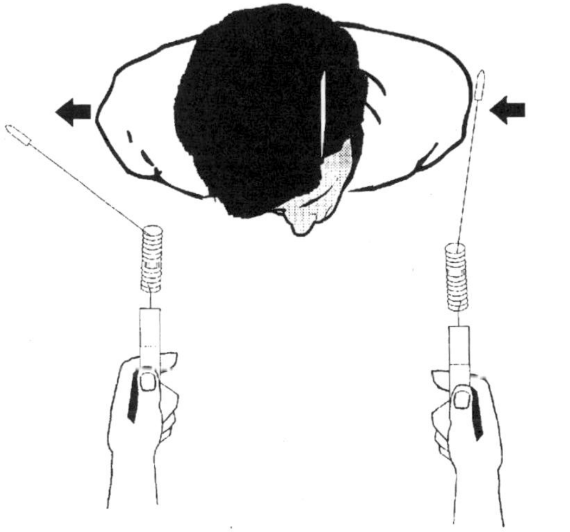

Fig 19

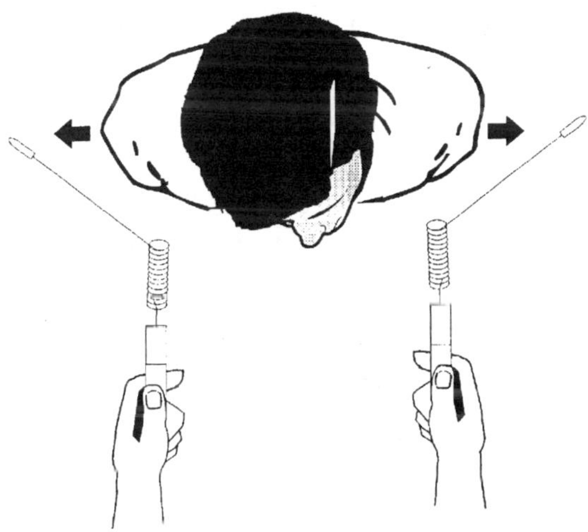

Fig 18

cando-se o aparelho do outro lado do seu corpo, observaremos que não detectamos resistência alguma, ao contrário o *aurameter* é atraído para o corpo da pessoa. Dizemos que esta pessoa está com energia negativa (Fig. 19). Para podermos prosseguir com a prospecção, devemos restabelecer o equilíbrio dessa aura, o que se fará com um simples encostar (toque) de um ***quartzo rosa*** na pessoa. Desta forma, o reequilíbrio se dará imediata e instantaneamente. A pedra medida antes de ser usada provocará no aurameter movimentos positivos (sentido vertical) e, após ser encostada no corpo da pessoa que está com energia negativa, acusará no aparelho movimentos negativos (sentido horizontal).

Equilibrada a aura, passamos a examinar os chackras, e então mentalizamos a seguinte indagação: Este chackra está positivo ou negativo? Quando o aurameter indicar que o chackra está negativo, isto é, em mau funcionamento, esta resposta quer dizer que alguma parte do corpo, sob a égide desse chackra, está negativa, ou seja, também com mau funcionamento. Por exemplo, o chackra do plexo solar negativo significa que o estômago ou o fígado ou a vesícula, ou o pâncreas, ou o baço, que são órgãos que dali recebem a energia está com problemas. Para se saber qual desses órgãos, o pesquisador deve conhecer um pouco de anatomia para que durante a prospecção mentalize com segurança cada órgão, até descobrir qual ou quais estão negativos.

Obs.: **1.** O pesquisador deve primeiramente estabelecer o equilíbrio da aura do paciente, pois a energia negativa nos conduz a erros e enganos.

2. Muitos iniciantes pegam um aparelho como o aurameter e o mesmo fica girando em sua mão descontroladamente, isto significa que o praticante ainda não sabe usá-lo.

3. Alguns verbalizam o nome desse aparelho de forma errônea chamando-o de *Aurímetro*. Esta expressão serviria mais para um aparelho medidor de ouro. O termo mais correto é ***Aurâmetro***.

Chackra Cardíaco Positivo

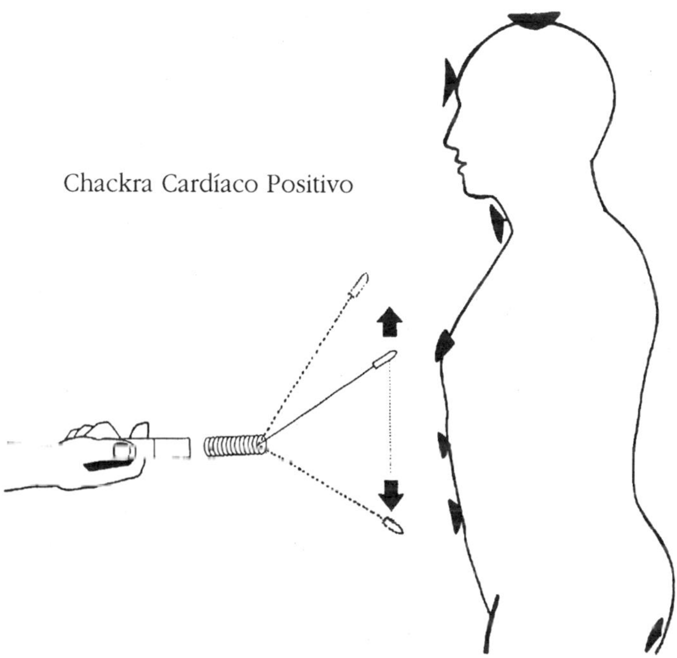

Fig. 20

AURA

Aura é uma energia que cerca o corpo físico. É formada por várias camadas, cuja distinção pode ser notada pela radiestesia ou por pessoas que desenvolveram sua sensibilidade para tanto.

A Aura que mais nos interessa é a que fica junto ao corpo físico, de 10 a 25cm de espessura, e que é uma cópia do mesmo. Em razão disso é denominada de *duplo etérico* ou *Aura da saúde.* O que existir de errado com ela tem uma correspondência direta com o físico.

A Aura possui diversos matizes de cores e pode ser fotografada (foto *Kirlian*). A análise dessas cores permite a feitura de um diagnóstico, indicando o estado de saúde física, emocional, mental e espiritual da pessoa. Ao contrário do que muitos pensam, a aura pode ser vista por qualquer pessoa, lógico que para isso existe a necessidade de treino para o desenvolvimento desse tipo de visão.

Para um iniciante aprender a visualizar, deve-se colocar uma pessoa vestida com roupas claras, encostada num fundo de cor clara (branco, bege, etc.), num ambiente iluminado normalmente. Então, o iniciante deve fixar seu olhar no ponto da 3ª visão (entre as sobrancelhas) da pessoa que está sendo examinada por alguns segundos. Procure não piscar, caso a vista comece a arder, subir com os olhos até a fímbria dos cabelos e voltar novamente ao ponto inicial. Dando segmento ao exercício, procede-se a diminuição da luz gradativamente e aí, já começa a ser distinguida uma energia branco azulada ao redor da pessoa, projetada na parede. À medida que a luz vai sendo diminuída, vão-se projetando cores ao redor da mesma, e quando a pessoa apresentar problemas de saúde, cores cinzentas se manifestarão nos locais onde existirem as deficiências físicas.

É bom observar que na visualização existem algumas variações, como por exemplo, certas vezes o visualizador poderá distinguir claramente o esqueleto da pessoa que está sendo examinada e isto é algo que se deve prevenir, para que não ocorram surpresas desagradáveis.

Aura de Personalidade

Todo o ser humano nasce sob a égide de uma freqüência energética e essa freqüência denominamos pelo nome de uma cor, que lhe confere caracteres de personalidade com aspectos positivos e negativos.

Conhecendo-se o tipo de freqüência (cor), poderemos trabalhar no sentido de aprimorar as positivas e corrigir as negativas.

A cor da *Aura de Personalidade* pode ser caracterizada através do pêndulo cromático da seguinte forma:

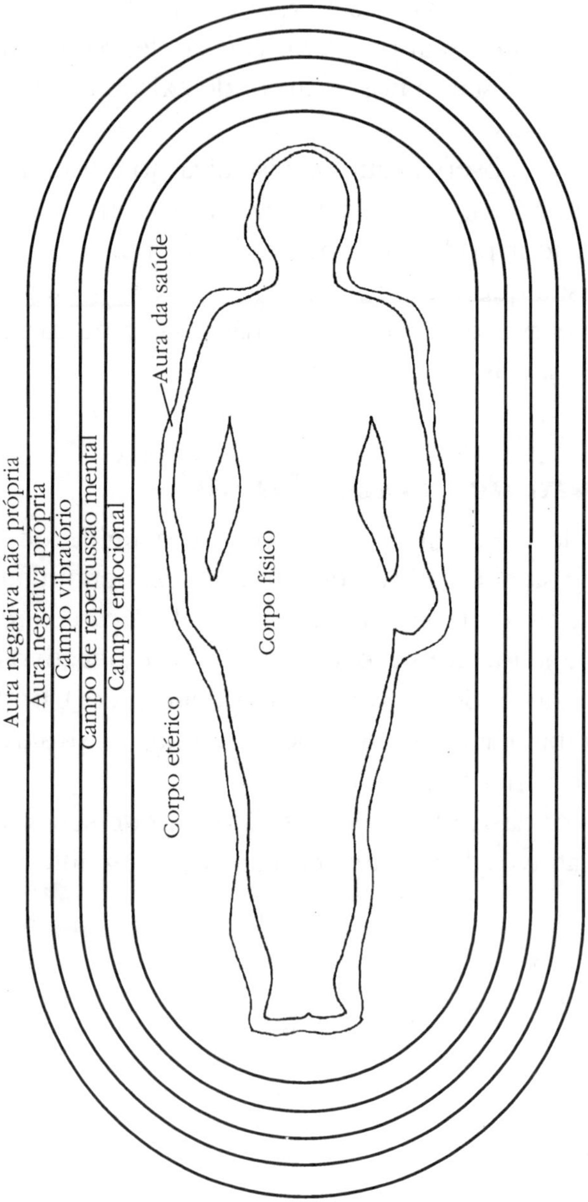
Aura negativa não própria
Aura negativa própria
Campo vibratório
Campo de repercussão mental
Campo emocional
Aura da saúde
Corpo etérico
Corpo físico

Fig. 23

Como vimos anteriormente, o pêndulo cromático possui em seu fio de sustentação três nós. O primeiro nó (o mais próximo do pêndulo), o qual denominamos de nó biométrico, é o que nos interessa no momento.

Segurando-se o pêndulo cromático por esse nó, vamos caracterizar a cor da personalidade, bastando pesquisarmos cada freqüência (furos existentes no corpo do pêndulo), até que o mesmo comece a girar positivamente na palma da mão, e negativamente no dorso da mesma. Esta é a freqüência com a qual a pessoa vibra desde o seu nascimento e com a qual vai morrer.

Interessante observar que o pêndulo só gira positivamente em uma das sete freqüências das cores visíveis, e gira negativamente nas demais freqüências.

Em determinadas situações, o pêndulo poderá girar positivamente em mais de uma freqüência e então nos causar dúvidas a respeito da cor de personalidade da pessoa. Isto acontece quando a pessoa está com algum problema físico, e portanto, carente daquele tipo de energia. Nesse caso, colocando-se o pino nas duas freqüências que tenham causado a dúvida, forçamos as rotações sobre sua cabeça e ela receberá uma carga de energia nessa freqüência; o pêndulo fará o giro positivo, apenas quando for pesquisada a cor de sua personalidade, dirimindo a dúvida anterior.

Faremos agora uma síntese das características das diversas personalidades:

Cores de Aura de Personalidade

Cores	Atributos	Positivo	Negativo
Vermelho	Energia Física Vida	alegria, extroversão, vitalidade, paixão, coragem, generosidade, auto-sacrifício, força pioneira, expressão	cólera, frustração, tensão nervosa, comportamento extremo, agressividade, possessividade, ambição desmedida, egoísmo, domínio, sensualidade obssessiva
Laranja	Equilíbrio físico/ mental	tolerância, compreensão, esclarecimento mental, harmonia, organização, desejo de paz, autoconfiança, liderança, equilíbrio e controle sexual	auto-indulgência, pressa, temeridade, falta de raciocínio, teimosia, crítica, dogmatismo, indecisão, dependência, ambição, timidez, insensatez, exigência
Amarelo	Intelecto	mente sutil, agudo discernimento, sensibilidade, dom da palavra, otimismo, comunicação, compreensão, criatividade, inteligência, intuição, popularidade	inconstância, compulsão, dispersão de energia, superficialidade, despeito, inveja, egoísmo, ciúme, falta de concentração, insensibilidade, sensacionalismo
Verde	Força Vital da terra	determinação, eficiência, paciência, equilíbrio, confiança, versatilidade, desejo de nutrir, ajudar, fecundidade, ideais curadores, simpatia, esperança, amizade	visão estreita, rigidez paralisante, desejo de segurança, busca de poder, superioridade, dogmatismo, descontentamento, inveja, sordidez, ciúme danoso, crueldade
Azul	Essência Espiritual do Cosmos	alegria, concentração, percepção, versatilidade, espiritualidade, tranqüilidade, firmeza, confiança, paranormalidade, dom da expressão, mente aguda, fé, amor	preguiça, inércia, apatia, fraqueza, inconstância, impaciência, irresponsabilidade, auto-indulgência, crítica, superstição, capricho
Índigo (Anil)	Intuição	percepção aguda, harmonia, idealismo, tolerância, compreensão, forte intuição, coragem, determinação, nobreza, união familiar, justiça, arte, compassivo	dispersão energética, irresponsabilidade, paralisia mental, dogmatismo, austeridade, cinismo, intolerância, introversão, inconveniência, rigidez, falência espiritual
Violeta	Equilíbrio Espiritual	mente inspirada, compreensão, percepção, artes, iluminação, equilíbrio, refinamento, sensibilidade, solidão, tranquilidade, bondade, gentileza, inteligência inspirada, sabedoria	dificuldade de expressão, reserva, discriminação, arrogância, orgulho, dominação, isolamento, fuga para a fantasia, cólera, raiva, fanatismo, misticismo

CHACKRAS

Chackras são pontos existentes no corpo humano, por onde flui a energia *Prana*. É uma palavra sânscrita que significa *"roda"* ou *"moinho"*.

São centenas ou talvez milhares esses pontos, entretanto, os principais são apenas sete: *Básico, Umbilical, Plexo Solar, Cardíaco, Laríngeo, Frontal* e *Coronário*.

Os Chackras são dependentes de um determinado tipo de energia sutil que são:

1. *Chackra Básico* corresponde à energia da cor *vermelha*.
2. *Chackra Umbilical* corresponde à energia da cor *laranja*.
3. *Chackra Plexo Solar* corresponde à energia da cor *amarela*.
4. *Chackra Cardíaco* corresponde à energia da cor *verde*.
5. *Chackra Laríngeo* corresponde à energia da cor *azul*.
6. *Chackra Frontal* corresponde à energia da cor *índigo* ou *anil*.
7. *Chackra Coronário* corresponde à energia da cor *violeta*.

Essas energias podem ser comprovadas por qualquer radiestesista. Uma das maneiras mais simples dessa comprovação é a seguinte: temos uma pessoa com o chackra frontal e o plexo solar negativos. Sabendo-se que tipo de energia correspondem esses chackras, preparamos uma água energizada de amarelo e a damos para a pessoa beber. Imediatamente, após a ingestão, a energia voltará ao Plexo Solar, mas o Chackra Frontal permanecerá negativo. Preparamos então outra água energizada, só que com a cor índigo (anil). Logo após ingerí-la, a pessoa terá a energia do frontal restabelecida. Através desta simples demonstração, é comprovada a ligação dos chackras com esse tipo de energia. O mesmo método poderá ser feito para a energização de todos os outros chackras.

Chackra Básico

Está localizado na *base da coluna vertebral* e ligado diretamente aos órgãos reprodutores, tanto os masculinos como os femininos.

Chackra Umbilical

Encontra-se situado entre o *umbigo* e o *púbis*, compreendendo os órgãos do aparelho urinário (rins, uretra, bexiga, ureter) e os intestinos.

Chackra Plexo Solar

Está localizado na altura do *estômago* e dele dependem cinco órgãos: estômago, fígado, vesícula, baço e pâncreas. Seu bom funcionamento está ligado à vida emocional do ser humano. Quando estiver negativo, um destes órgãos, ou mais de um, estarão comprometidos no seu funcionamento.

Chackra Cardíaco

Situa-se na altura do *coração* e relaciona-se com a glândula *Timo*, coração, corrente sangüínea, sendo o responsável pela vitalidade do corpo físico.

Chackra Laríngeo

Encontra-se localizado no *centro da garganta*, sendo responsável pela energia da parte inferior da face até o nariz (inclusive), aparelho respiratório, tireóide e paratireóide.

É característico da pessoa estressada estar com o laríngeo negativo e faltar energia na tireóide.

Chackra Frontal

Está situado entre as *sobrancelhas*, sendo responsável pela energia da parte superior da cabeça, acima do nariz (parte craniana, olhos e ouvidos). O bom funcionamento desses órgãos deve-se ao fluxo correto de energia nesse chakra.

Na prospecção, quando a energia estiver negativa, o exame de cada um destes órgãos se faz necessário. Começa-se pelos olhos, independentemente de algum problema visual, que às vezes já entrou num processo irreversível, ou seja, onde não poderá haver mais recuperação ou melhoria.

Chackra Coronário

Situa-se no *alto da cabeça*, onde o cabelo faz uma coroa, daí o nome Coronário. Este chakra não tem

Prospecção da nuca - paciente portador de mágoas e ressentimentos.

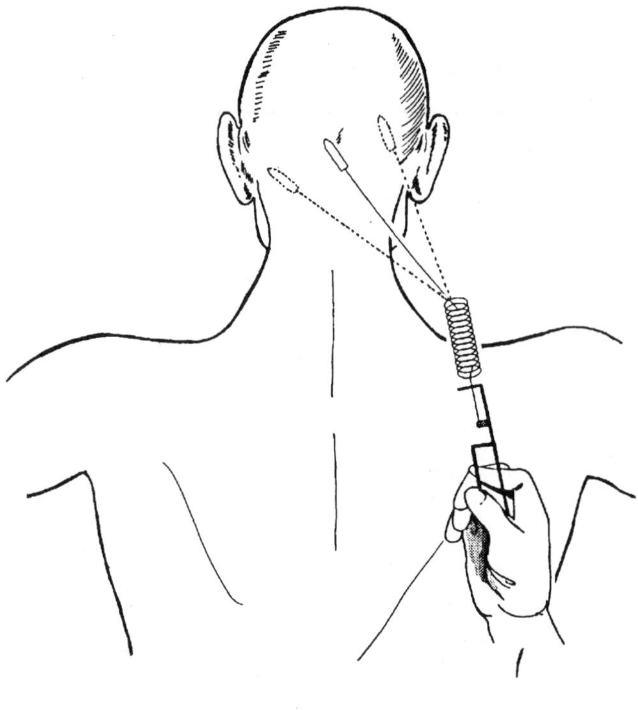

Energia negativa - movimento lateral do aparelho.

Aura negativa não própria
Aura negativa própria

Campo vibratório

Prospecção do Ouvido

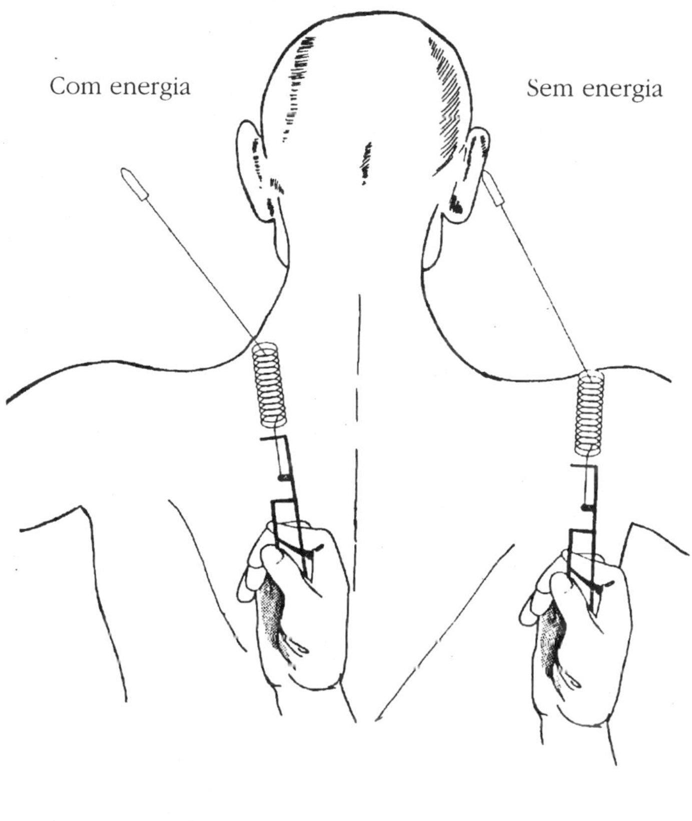

Fig. 21

correspondência direta com a parte física do homem. Está ligado com a parte mental e espiritual do ser humano. Quando está fechado (negativo), a energia não entra pelo alto da cabeça, desta maneira estará entrando ou pela *testa* (não confundir com chakra frontal), ou pela *nuca*, ou pelos *parietais* (não confundir com os ouvidos). Cada um destes locais significa a existência de problemas, uns diferindo dos outros.

Testa: Quando a energia estiver entrando pela testa, significa que a pessoa está tentanto resolver suas dificuldades com o *Racional* (consciente), coisa que não vai conseguir, pois o consciente é apenas a parte executiva da mente, não tendo a criatividade necessária para resolver nenhum problema. Para resolvê-lo, a pessoa deverá relaxar em nível *Alfa* e passar seus problemas através de uma oração ou pedido, para o *Eu Superior* encontrar a solução, e não ficar teimando em encontrar soluções em nível consciente. Após passar o encargo para o *Eu Superior*, a resolução virá explodindo dele para a mente consciente num momento inesperado de relaxamento (estado *Alfa*) não deliberado. Por exemplo, quando estiver lavando um prato, ouvindo música, dirigindo um automóvel, etc.

Nuca: Quando a energia estiver entrando pela nuca é uma demonstração clara de que a pessoa tem mágoas e ressentimentos não superados. Normalmente, o indivíduo não concorda com esta teoria (afirmação) porque ela se vê como um ser humano bom, humilde, alguém que não guarda ressentimentos, que tudo e a todos perdoa. Entretanto, esta posição não resiste a uma análise, e conversando com ela, o terapeuta logo caracteriza posturas negativas da mesma. Recomendando relaxamentos e meditações, o terapeuta faz com que a própria pessoa verifique o quanto estava enganada a respeito de si mesma. Com este trabalho interior e por conseguinte a superação das mágoas e dos ressentimentos, a energia volta a fluir normalmente através do Chackra Coronário. É fundamental a prática do perdão para um resultado perfeito. Recomendamos a leitura da oração do Perdão (veja o texto sobre a Filosofia Huna).

Parietal Direito: Quando estiver negativo, indica que a energia está entrando por ali de forma errônea. É sinal evidente de que se trata de carência afetiva. A pessoa necessita de um relaxamento físico, de um amor carnal. Não importa se ela é casada ou não, pois muitas vezes o relacionamento físico com o cônjuge não é satisfatório, não atinge suas necessidades físicas e emocionais.

Parietal Esquerdo: Quando a energia estiver fluindo negativamente pelo *parietal esquerdo*, está ocorrendo um problema de desvio de personalidade. A correçao deste desvio deve ser investigada cautelosamente, pois talvez implique até num caso de *regressão* para se caracterizar a causa do problema.

É interessante registrar que uma ajuda para a normalização da fluência de energia pelo *Chackra Coronário*, consegue-se dando leves batidas no peito, logo acima do centro (mais ou menos 4 dedos), estimulando a glândula *Timo*. Isto deve ser feito diariamente, pela manhã, logo após acordar. Essa é uma prática usada na Igreja Católica, quando o padre induz o fiel a bater no próprio peito, pronunciando as seguintes palavras: *"Mea Culpa, Mea Culpa, Mea Máxima Culpa"*.

Fazemos aqui um parênteses para explicar como fazer a prospecção da energia dos parietais, sem confundi-la, com a energia do corpo físico (ouvidos). Eu costumo usar o aurameter. Quando colocado ao lado da cabeça, e ele fizer o movimento no sentido vertical, estará informando que o parietal está positivo. Mas quando fizer o movimento horizontal, informa que o parietal está negativo. Quando a prospecção for do ouvido, o movimento do instrumento será o de se afastar quando o órgão estiver positivo, e encostar no órgão, quando for negativo.

Verificar as figuras ilustrativas:

Observação:

Há algum tempo atrás li num livro sobre Chackras que a energia do olho direito fluía do Chackra Coronário. Isto ***não é verdade***.

A energia dos olhos, ouvidos e parte superior da cabeça é originária do Chackra Frontal. Faço esta afirmação porque através de pesquisas e testes verifiquei que a energia só retorna a esses órgãos após a energização do *Chakra Frontal* e não do *Coronário*.

Chackras

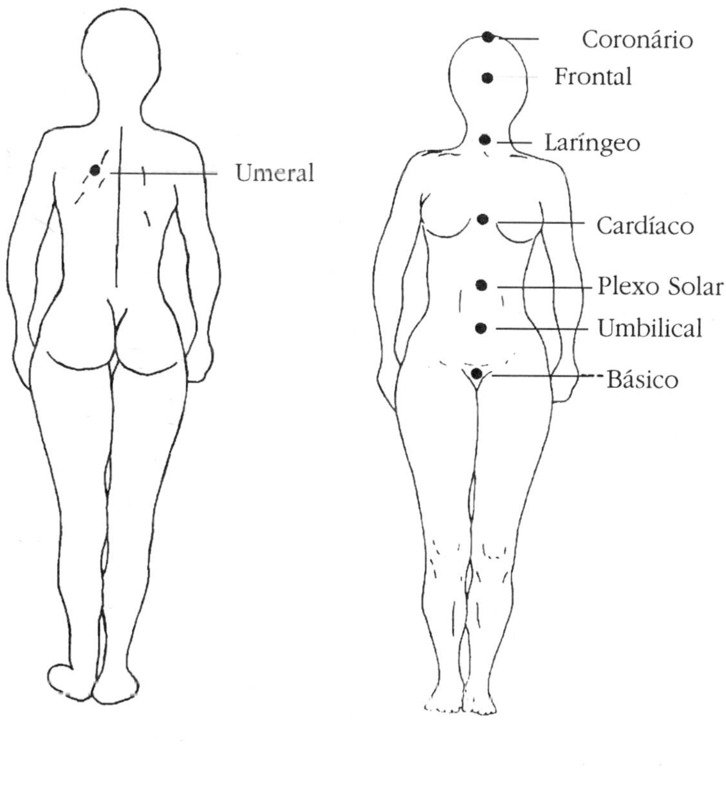

Fig. 25

RESTAURAÇÃO DA AURA E DOS CHACKRAS

Fórmulas de Energização

A restauração (energização) pode ser feita de várias formas: com cores, pedras, aromas, imposição das mãos, acupuntura, etc. Entretanto, aqui estamos tratando de Radiestesia e Radiônica, sendo assim vamos nos utilizar dos nossos meios.

Pêndulo Cromático

Colocando-se a arruela na freqüência do chackra que estiver negativo e segurando-se no primeiro nó (biométrico), fazemos o pêndulo girar sobre a cabeça do paciente por alguns segundos e a energia é restaurada.

Pêndulo Comum

Com o dedo indicador, aponta-se para o chakra a ser energizado e faz-se o *pêndulo* girar com a mão direita no sentido horário. Após algumas rotações, a energia do chakra estará restabelecida.

Radiônica

Podemos usar o *Bastão Atlante* e a energia de formas como: o *cone* e a *pirâmide* para restauração da Aura e dos Chackras. Nesse ponto, deve-se salientar o quase milagre que se consegue com um gráfico de nossa autoria: o *Diafragma*, pois basta encostar-se este gráfico no corpo de uma pessoa, para se conseguir o funcionamento normal do chakra e a restauração da energia numa área do corpo do paciente.

Tapete Oriental

Fantástico também é o efeito que tem o *Tapete Oriental.* Basta que uma pessoa com a Aura desequilibrada suba num desses tapetes, para que a Aura volte a ficar equilibrada imediatamente. E não é só a Aura, mas também os Chakras entrarão em perfeito funcionamento por mais problemas que a pessoa possa ter. Vale dizer hoje que o *Tapete Oriental* funciona como terapia, porque restaurando-se a energia dos Chakras, consequentemente o órgão doente estará se restabelecendo e caminhando para a saúde.

Interessante observar que sempre que um paciente fica equilibrado, faz uma pergunta bem característica e que se repete em todos os pacientes: "Até quando a minha aura ficará equilibrada?".

A minha resposta é sempre a mesma. "Você ficará equilibrado até o primeiro pensamento negativo". Devemos sempre pensar positivamente. Não devemos pensar negativamente, pois dessa maneira nos desequilibramos tanto energética como fisicamente.

Com a Radiestesia podemos detectar qual é o mal que o pensamento negativo faz às pessoas. Alguém equilibrado, que tenha um pensamento negativo ou que pense em alguém negativo, imediatamente verá o desaparecimento da Aura. Agora, um pensamento positivo, um lugar positivo ou pessoas positivas provocam o reaparecimento, a expansão da Aura. Podemos verificar isso com o Aurameter encostado ao corpo da pessoa e aí comprovamos a expansão e restauração da Aura.

ENERGIAS NEGATIVAS

Para uma prospecção energética, o radiestesista deve tomar uma série de precauções. Encaremos o fato, de que ele não deve estar com sua aura desequilibrada e já foi explicado, como uma simples pedra (quartzo rosa) restabelece o equilíbrio áurico, sem o que o radiestesista se torna suscetível de cometer erros. Sabendo disso, deve procurar a causa dos infortúnios do paciente.

O gráfico ilustrado (Fig. 26) pode ajudar mais facilmente, a detectar qual ou quais energias negativas estão causando os males do paciente. A este respeito tenho algumas considerações a fazer:

*Energia Telúrica**

É originária de lençóis freáticos, matéria orgânica em decomposição, ocos ou vazios do subsolo, veios de água ou cruzamentos de veios d'água. Estes acidentes

---

* Livros recomendados: "Medicina da Habitação" - Jacques La Maya - Ed. Roca • "Casas que Matam" - Roger De Lafforest - Ed. Ground • "Efeito Nocebo" - Roger De Lafforest - Ed. Siciliano • "O Grande Livro da Casa Saudável" - Mariano Bueno - Ed. Roca • "Santé et Cosmo-Tellurisme" - B. Legrais et G. Altenbach - Ed. Editions Dangles • "Ondas de Vida, Ondas de Morte" - Jean de la Foye - Ed. Siciliano • "Physique Micro-Vibratoire et Forces Invisibles" - A Belizal et P. A. Morel - Ed. Desforges-Paris • Energias de Formas

provocam o surgimento de uma energia altamente danosa ao ser humano, principalmente à noite, quando não temos mais a energia solar que contrabalança e diminui os efeitos dessa nocividade. Quando for constatado que uma pessoa está sob esses efeitos, não adianta tratá-la enquanto não for eliminada a causa. O ideal é que o paciente passe a dormir num local totalmente sadio.

Caso não seja possível, pode-se e deve-se utilizar de outros recursos, como por exemplo, o desenho de *Luxor* e o *Tapete Oriental*, que quando colocados sobre o foco, embaixo da cama, neutralizam a influência telúrica negativa.

É importante, entretanto, observar a necessidade de limpeza e desimpregnação periódicas, tanto do tapete oriental, quanto do desenho de Luxor. Verifique texto sobre o assunto.

Uma das energias mais violentas e danosas para o ser humano, é a energia de formas. Assim como temos energias boas de formas (pirâmides, cones, gráficos, etc.), temos também formas que emitem uma energia de efeitos danosos.

É comum encontrarmos pessoas que têm verdadeira obssessão por móveis e objetos antigos, e a maioria adquire diariamente objetos, roupas e outros artigos, cuja confecção e procedência ignoramos. Tais artigos, muitas vezes, são negativos, influenciando as pessoas de alguma forma que lhes será prejudicial. Temos o caso de uma senhora que não conseguia dormir desde que trocou o lustre do seu quarto por um novo, e desde então passou a sofrer de insônia. Após realizada a pesquisa sobre o problema chegou-se ao lustre novo, que estava emitindo energia negativa. Depois de retirado e trocado pelo antigo, a senhora voltou a dormir normalmente.

Em outra ocasião, fui procurado por uma senhora com problemas também relativos ao sono. Ela dormia apenas de 3 a 4 horas por noite. Pesquisado o problema, foi detectado um objeto de origem mística, que havia sido colocado sob a sua cama. Retirado esse objeto, a anomalia desapareceu e ela voltou a dormir normalmente.

Faço aqui uma outra e importante observação quanto aos enfeites (móbiles, bichinhos, etc.), que as mães comumente dependuram sobre o berço de seus filhos, com o intuito de distraí-los. Recomendo que façam uma pesquisa antes de adquiri-los, pois podem estar emitindo energia negativa para a criança.

Cito um dos vários casos semelhantes entre si com os quais tenho tido contato. Uma pequena criança encontrava-se doente e não havia nem melhora e nem cura no seu estado de saúde. Feita uma pesquisa, teve a sua saúde recuperada somente após a retirada de um objeto desse tipo do seu berço.

Desequilíbrio de Íons

Esse tipo de desequilíbrio acontece em decorrência de fatores climáticos. A atmosfera fica sobrecarregada de íons positivos, o que atinge violentamente o sistema nervoso das pessoas.

Observamos que atitudes agressivas são tomadas sem razão; a irritabilidade e o nervosismo atingem proporções anormais, tanto é que nesses dias há um aumento das ocorrências policiais.

Após uma chuva, que normalmente ocorre depois de um dia de desequilíbrio iônico, é que as pessoas percebem que no dia anterior estavam com suas narinas secas, e que as divergências que tiveram com outras pessoas careciam de razão e não justificavam as atitudes agressivas que foram tomadas.

Cito, como um exemplo desse desequilíbrio, um caso que é do conhecimento de todos. Quanto estava escrevendo esse texto, aconteceu o caso de uma jogadora que teria agredido uma dentista no trânsito. Atribuo a este incidente, a descompensação iônica, já que a jogadora em questão se trata de uma pessoa ponderada, cuja personalidade contrasta com as atitudes de que foi acusada.

Energia Consciente

Essa é uma das piores formas de energia, porque é gerada pela própria pessoa que não se corrige. Fomos criados negativamente pela nossa família, depois nas escolas que freqüentamos e pela nossa sociedade, e isso prescinde de demonstração.

Normalmente, as pessoas se consideram positivas, discutem e até brigam conosco se as taxamos de negativas.

Desde o primeiro exercício com o pêndulo, procurei demonstrar como nosso inconsciente capta aquilo que vemos e pensamos nos levando a agir de acordo com essa influência. O pêndulo colocado sobre as linhas paralelas inclinadas faz esse mesmo movimento independentemente da nossa vontade. As pessoas embora não acreditem, pensam em coisas erradas, negativas e passam a sofrer as conseqüências desses pensamentos. Nunca admitem sua culpa, atribuindo aos outros as influências deletérias, quando na verdade a pessoa depende apenas de si própria para estar numa situação de equilíbrio e estar infensa às influências estranhas. Para ilustrar essa situação, recorremos a um brocardo popular: "Praga de urubu não pega em cavalo gordo". Quando um animal está mal quase morrendo, os urubus já estão todos assentados à sua volta, aguardando o momento de atacar. Quando o animal está sadio, não existem urubus.

Há uma necessidade de reeducação da pessoa, sendo que o primeiro passo é que ela se conscientize de que é negativa, e feita essa constatação, procure manter uma postura mental aberta, corrigindo imediatamente tudo aquilo que aparecer distorcido em sua mente.

O pensamento negativo elimina a aura de uma pessoa de forma instantânea. Basta que ela pense em uma pessoa que lhe seja desagradável, num ato negativo, para que sua aura desapareça. Isto pode ser constatado, utilizando-se um aurameter.

Energia Provocada

Em razão de nossos costumeiros desequilíbrios áuricos, ficamos sujeitos a energias negativas originadas de pessoas que as emanam consciente ou inconscientemente.

Nesse caso de energia provocada, estão colocadas as energias provenientes de inveja, raiva, ciúme, que nos desequilibram e nos levam até a doença. Vejamos, por exemlo, o "quebranto de uma criança", o "mau olhado", o passarinho e a flor que fenecem após um elogio de determinadas pessoas. Esses exemplos também são manifestações de energias provocadas, cujo resultado não era, na maioria das vezes, aquele que as pessoas desejavam em nível consciente.

Outras Fontes

Quando a radiestesia configurar que a causa dos problemas do paciente é a energia negativa de outras fontes, haverá a necessidade de uma pesquisa da vida passada da pessoa atingida, ou pesquisar se ela não está sob influência de magia. Aconselho a leitura do livro: *"Efeito Nocebo"* de *Roger de Lafforest,* da Editora Siciliano.

No caso da vida passada, normalmente a pessoa não quer lembrar de fatos e incidentes que só são claros para o seu inconsciente e inibidos de vir à luz pelo consciente. O tratamento aconselhado é de uma regressão, para que o inconsciente liberto faça aflorar a verdadeira causa do problema a aflige.

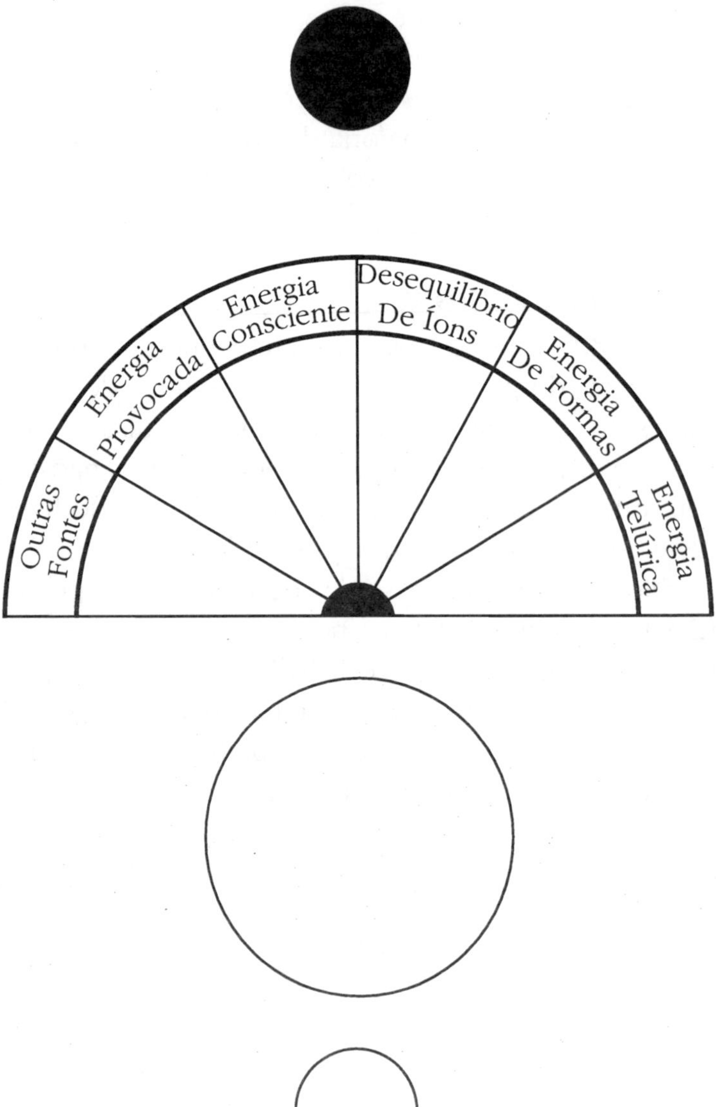
Outras Fontes
Energia Provocada
Energia Consciente
Desequilíbrio De Íons
Energia De Formas
Energia Telúrica

Fig. 26

TRANSMUTAÇÃO DE ENERGIA

Entre os cuidados, que o radiestesista deve ter ao examinar uma pessoa, é o de que ela, não pode estar em contato físico com nenhuma outra.

O contato físico provoca uma imediata inversão de projeções energéticas. Exemplificando: uma pessoa que esteja com o chakra do Plexo Solar negativo, porque apresenta problemas estomacais. Tocada por outra que esteja sadia, apresentará o chakra do Plexo Solar positivo, ou seja, também sadio. Ao contrário, a pessoa sadia que o estiver tocando, apresentará problemas do chakra negativo e problemas do estômago.

É muito comum isto acontecer, quando uma mãe leva seu filho à consulta, às vezes, a criança é irriquieta e a mãe fica segurando, isso provocará distorções na análise energética da criança.

A vantagem que tal fato oferece, é a de que o pesquisador poderá proceder ao diagnóstico, examinando por exemplo, a mãe, que está segurando a mão de seu filho.

Esse é um método que pode ser utilizado em qualquer diagnóstico.

Costumo utilizá-lo, por exemplo, para os casos de pessoas que apresentam problemas renais, devido ao fato da própria pessoa afetada poder comprovar visualmente o seu diagnóstico.

Através de uma pessoa sadia, demonstro que ela apresenta energia no local onde estão localizados os rins, e que o chakra umbilical está positivo. Faço então, com que o paciente toque o ombro da pessoa sadia, que imediatamente perderá a energia da sua região renal.

Desta forma, o paciente poderá ver como o seu órgão está deficiente Fig. 27-A e 27-B, Fig. 28-A e 28-B.

Outro cuidado ao se examinar uma pessoa, é o de não permitir, que ela esteja sobre um tapete oriental, pois se estiver, ficará com sua aura equilibrada e com todos os ckakras e órgãos positivos.

O tapete oriental camuflará as anomalias energéticas da pessoa. Experimente, fazer o exame do paciente sobre o tapete e fora dele.

Com essa descoberta, posso afirmar, que o tapete oriental funciona como terapia, uma vez que consideramos a necessidade de um perfeito equilíbrio da Aura e funcionamento dos chackras, para o envio de energia às áreas ou órgãos afetados.

Ao inverso, é o operador que deve procurar atender seus pacientes, sobre um tapete oriental. Desta forma, ficará protegido de energias nocivas e em perfeito equilíbrio.

Alfagenia e Radiestesia

A medicina natural ou alternativa surgiu no Oriente há mais de 3.000 anos a.C, mas somente neste século, é que está ingressando no meio científico, médico profissional, pois a classe médica ainda hoje é, totalmente alopática e segue os princípios hipocráticos do soma.

Com o advento da Psicossomática, o médico moderno está deixando de lado alguns princípios e aprendendo que deverá ser também um pouco psicólogo e está começando a entender que nem tudo é feitiçaria, curandeirismo, bruxaria, e aprendendo seus princípios

Pessoa em desequilíbrio (falta de energia de um lado e fuga do aparelho do outro lado)

Pessoa equilibrada (energia igual em ambos os lados do corpo)

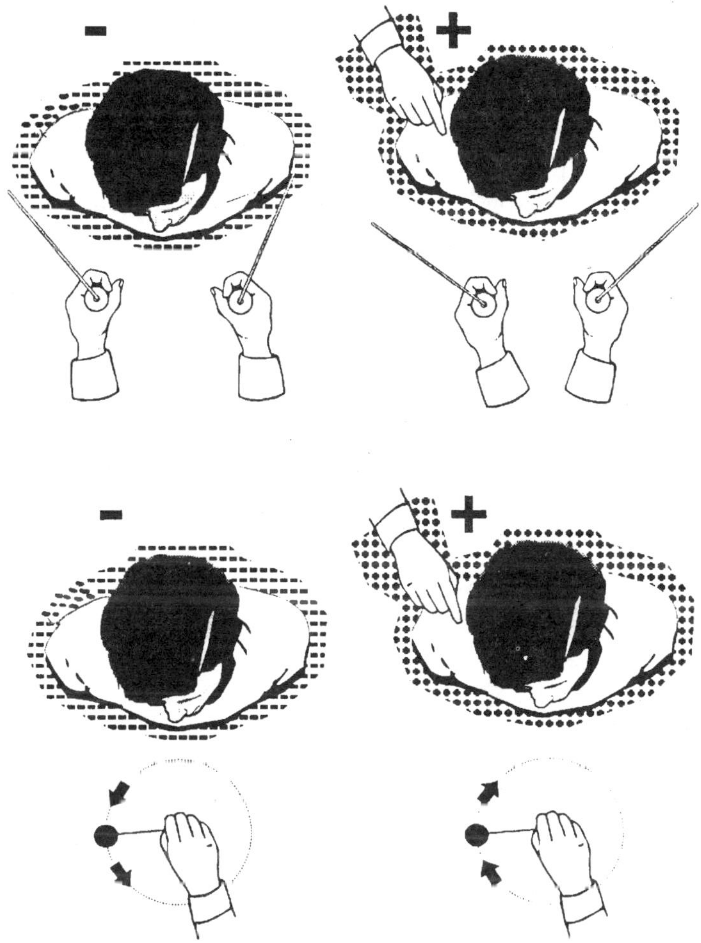

Projeção de energia de uma pessoa para outra.
Transmutação de energia.

científicos, aplicando no campo profissional como acontece com a acupuntura, homeopatia e no nosso caso a Alfagenia e a Radiestesia.

Segundo as Nações Unidas, o povo que se trata pela Medicina Alternativa, tanto na pesquisa como no tratamento das doenças e na obtenção da saúde, vive mais de 15 a 20% do que aquele que trata somente pela alopatia.

A Medicina Oriental de um modo geral, exige do paciente, que esteja no estado de relaxamento (Alfa), para obter o resultado, ou seja, a cura, conseguindo reduzir o tempo de tratamento em 50%.

É nossa esperança, que a indústria farmacêutica venha a sofrer o impacto do tratamento oriental e assim o povo brasileiro, apele para as alternativas principalmente, acupuntura, homeopatia, alfagenia e radiestesia.

Alfagenia

É a geração das ondas Alfa, ondas estas identificadas no eletroencefalógrafo como sendo de 8 a 13 ciclos por segundo; são as ondas que antecedem ao sono, isto é, estão entre a vigília e o sono.

A pessoa estando com a mente nestas ondas, conseguirá reconhecer os estados progressivos da consciência, auto programar-se, tornar-se intuitivo, receber e emitir pensamentos, percepção extra-sensorial, enfim, conseguirá estar em um estado mental, tal que tudo é facilitado e desenvolvido.

Hoje, chegamos a conclusão de que qualquer pessoa, pode conscientemente alcançar Alfa a qualquer momento que desejar, bastando descontrair os músculos da face e da testa e fechar lentamente os olhos, logo em seguida, concentrar o pensamento e intuir o que deseja, inaugurando, precisando apenas, de um pouco de perseverância e muito da concentração mental.

O nome Alfagenia foi sugerido pelo Dr. Antonny Zaffuto e sua esposa Mary no livro "Alfagenia".

A indução, a orientação do pensamento e a memória subconsciente são conseguidas com a técnica alfagênica, pois, por esta técnica se consegue a projeção de formas de pensamento, desenvolvimento da sensibilidade, poder de clarividência e clariaudiência, condicionamento e aprendizagem.

São quatro os princípios básciso da técnica:
1º É a pessoa quem entra em transe;
2º O transe é de indução;
3º Relaxamento dos músculos da cabeça;
4º Deverá usar a imaginação.

O operador de Radiestesia deverá aprender a entrar em Alfa e assim tornar-se-á um grande radiestesista.

Radiestesia

A radiestesia é uma ciência que remonta a milênios. Já na mitologia grega, Atenea se servia da varinha para rejuvenescer Ulisses; Hermes usava o caduceo e Medea a usava para a prática de feitiçaria. Hoje, aplica-se a radiestesia para investigações nas áreas da agricultura, arqueologia, mineralogia, na busca de desaparecidos, de água, etc., e principalmente para diagnóstico e terapêuticas radiestésicas.

Michel Moine, em seu livro Radiestesia, faz o seguinte comentário:

"Tenho lido uma dezena de obras sobre Radiestesia. Estou totalmente desanimado (não entendo nada).

Os autores se contradizem. Por mais que eu tente, meu pêndulo permanece imóvel.

Eu não creio nos resultados de minha experiência".

Mais tarde o autor destas frases, completa o informe:

"Na prática quase cotidiana da Radiestesia, durante vinte anos, me convenci da surpreendente facilidade que pode ter um ser humano parar utilizar racionalmente suas *possibilidades intuitivas*".

A base da radiestesia é a disciplina mental, pois, sem esta é impossível por em prática as faculdades intuitivas.

No entanto alguns radiestesistas filiados a corrente física, dizem que toda a captação se reduz a um problema de "ondas" que são captadas pelos aparelhos apropriados e o pensamento não participa do ato radiestésico.

Já os mentalistas se baseiam no instinto, e pelo que podemos aprender, os fenômenos radiestésicos residem mais na mente do operador que em agentes físicos externos, ou seja, são atribuidos aos movimentos inconscientes do radiestesista. Os instrumentos radiestésicos, não são onipotentes, necessitam para o seu funcionamento o concurso do operador, ou seja, do radiestesista.

Várias são as hipóteses explicativas da radiestesia:

1º O operador é um receptor, tipo rádio.

2º O operador é um emissor e receptor = radar.

3º É uma percepção extra-sonsorial.

4º É a aplicação do sexto sentido.

Estas hipóteses nos deixam uma conclusão: a prospecção radiestésica se baseia na pessoa do radiestesista e não nos aparelhos usados.

Pela teoria exposta, podemos então concluir = sem radiestesista não existe radiestesia.

A radiestesia é portanto, a arte ou ciência, de utilizar o pêndulo ou a varinha com a intervenção da atividade inconsciente para ajudar a descobrir tudo o que é capaz de concentrar seu pensamento, pode praticar com êxito a técnica radiestésica, depois de um treinamento simples, somente precisando de perseverança e muito de concentração mental.

= Atividade inconsciente = (Alfa)
= Concentrar o pensamento = (Alfa)

A técnica radiestésica consiste de algumas fases alfagênicas:

1º Memória subconsciente = (Alfa)
2º Orientação do pensamento = (Alfa)
3º Estabelecer convenções mentais que permitem interpretar os movimentos do pêndulo (amplificações das reações reflexas do operador) na coincidêndia com a prospecção = (Alfa).

O radiestesista é um sensitivo e como tal faz a captação e transporta para o aparelho radiestésico o que foi captado.

Aprenderá rapidamente por certas induções, a orientar seu pensamento e usando a sua memória subconsciente e sabendo interpretar, por ter estabelecido antecipadamente as convenções mentais, o movimento do pêndulo, e verá que este ou mesmo a varinha começará a pesquisa dando-lhe a impressão de que os aparelhos falam (o que justifica a interpretação física da radiestesia).

A sensibilidade poderá ser desenvolvida pela ténica alfagênica, e essa aumentada tornar-se fácil prospectar o desejado.

A capacidade de entrar em transe é natural, o operador se auto induzirá, e isto após relaxar os músculos da face e da testa e fechas os olhos lentamente, quando então usará a imaginação dando início à captação.

Com a prática alfagênica, o operador não só entrará em Alfa como também poderá no caso da doença física, fisiológica ou psíquica, levar o paciente ao mesmo estado e assim conseguirá facilmente, diagnosticar e tratar radiestesicamente.

Nota: Texto orientado pelo professor Erimá Moreira, pesquisador no campo da Alfagenia e Hipnose há mais de 40 anos.

Computador nº1

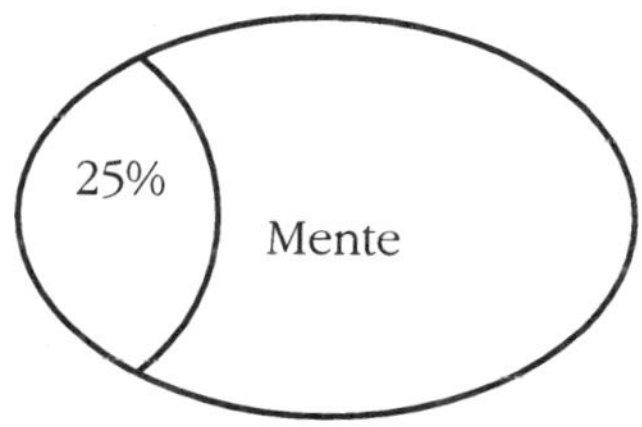

Consciente
|
Razão
|
Realidade sensorial
|
Dimensões limitadas mensuráveis ou conhecimento limitado, "aceitáveis", porque admitidos pelo "saber" e a razão.

Inconsciente
|
Intuição - Instinto
|
Realidade extra-sensorial
|
Dimensões ilimitadas imensuráveis
- conhecimento ilimitado
- inteligência ou mente universal
- inconsciente coletivo
- conhecimentos acumulados de outras vidas?

Como transferir o conhecimento inconsciente para o consciente?
|
O pêndulo, como ligação. Estado de alfa (relaxamento físico e mental). Se sonho = é possível
Compatibilidade do sonho com a realidade. Desbloqueio do inconsciente.

FILOSOFIA HUNA

Quando se estuda Radiestesia e Radiônica, o interessado fica muito preocupado em utilizar os melhores aparelhos, os melhores livros, em adquirir a melhor técnica e conseguir o maior sucesso. Entretanto, aquilo que deveria ser a sua maior preocupação, normalmente é descuidado. Esquece, o interessado de si próprio, que tem que progredir como ser humano e nada melhor para isso, do que o conhecimento e o estudo da filosofia Huna, que nada mais é, do que a Filosofia da Trindade Humana.

Há mais ou menos um século, Freud descobriu a existência dos três EUS.

O Eu Inferior *(subconsciente)*, o Eu Médio *(consciente)* e o Eu Superior *(superconsciente)*, mas esses três EUS, já eram conhecidos pelos Kahunas, há mais de 5.000 anos e que lhes davam o nome de: Unihipili, Uhane e Aumakua, respectivamente.

É fundamental a boa ligação desses três EUS, para que tenham sucesso em qualquer atividade e especialmente, quando temos em vista o estudo da Radiestesia e da Radiônica.

Essa interrelação é melhor feita, quando eliminamos os bloqueios que temos originados de pensamentos e sentimentos negativos, que tem sua origem em problemas emocionais, espirituais e energéticos.

Como exemplo de problemas emocionais, podemos citar a angústia, a ansiedade, o ciúme, a cólera, sentimentos de culpa, desamor, desarmonia, depressão, desânimo, insegurança, irritação, frustrações, mágoas, medo, melancolia, moral abalada, ódio, raiva, rancor, ressentimentos, solidão e todo o tipo de tensões.

Como problemas espirituais, podemos citar a energia negativa consciente, a energia provocada e a mediunidade (intrusa).

Como problemas energéticos citamos, o desequilíbrio de Íons, a energia de forma e a energia telúrica.

Consciente (Uhane)

Conhecido como o Ser do Meio é o aspecto mais desenvolvido do ser humano, pois ele trabalha com tudo aquilo, que é lógico e racional. Desde o nosso berço, nos ensinam a raciocinar, ou seja, aceitamos somente aquilo, que pode ser demonstrado e a repelir o restante.

Subsconsciente (Unihipili)

É o eu Básico ou subconsciente, é o nosso emocional. É aquela parte de nosso ser que consegue captar, que aquilo que é lógico e racional, nem sempre é o verdadeiro ou o melhor para nós.

Superconsciente (Aumakua)

É o ser que chamamos e consideramos como nosso Anjo da Guarda, Guia Protetor e que só interfere em nossos assuntos quando solicitamos a sua ajuda.

Aumakua é o Ser Elevado e o conceito de Deus para os Kahunas, está acima do Ser Elevado, que faz parte do homem e que pode fazer todas as condições almejadas se transformarem em realidade.

Cada um desses três Seres, tem o seu próprio papel definido e devem funcionar em conjunto. Quando assim procedem, conseguem coisas que parecem milagres.

Conhecendo suas funções normais e como podem trabalhar juntos, esses milagres serão tidos como eventos normais, dentro do plano normal das coisas e não coisas sobrenaturais.

O Ser Elevado expressa paciência, compaixão, amor e perdão.

A ligação dos três EUS, se faz por um fio que os Kahunas chamavam de fio Aka, porém, essa comunicação só se fará harmoniosamente com a libertação dos bloqueios e a superação dos pecados.

Os Kahunas tinham como preceitos básicos o seguinte:

"Se não há injúria, não há pecado".

"Sirva para ser servido".

Verne Cameron, radiestesista americano, deve ter descoberto a estreita relação da filosofia Huna, com sua atividade de excelente radiestesista e isso deduzimos de sua amizade com Max Freedom Long, que foi o estudioso dessa filosofia, publicando o livro "Recovering the Ancient Magic" (Recuperando a Mágica Antiga) e que foi quem deu o nome de Aurameter ao aparelho de invenção de Cameron.

Não é nosso propósito escrever um tratado sobre a Filosofia Huna, porém sentimos que é da nossa obrigação despertar o interesse dos leitores para o assunto tão estreitamente ligado com a Radiestesia e a Radiônica.

Buscando eliminar os bloqueios que atrapalham a evolução, o leitor deve dedicar alguns minutos diários para perdoar, fazendo a Oração do Perdão ensinada pelos Kahunas.

Oração do Perdão

Buscando eliminar todos os bloqueios que atrapalham minha evolução, dedicarei alguns minutos para perdoar. A partir deste momento, eu perdôo todas as pessoas que de alguma forma me ofenderam, me injuriaram, me prejudicaram ou me causaram dificuldades desnecessárias. Perdôo, sinceramente, quem me rejeitou, me odiou, me abandonou, me traiu, me ridicularizou, me humilhou, me amedrontou, me iludiu.

Perdôo, especialmente, quem me provocou até que eu perdesse a paciência e reagisse violentamente, para depois me fazer sentir vergonha, remorso e culpa inadequada. Reconheço, que também fui responsável pelas agressões que recebi, pois várias vezes confiei em indivíduos negativos, permiti que me fizessem de bobo e descarregassem sobre mim seu mau caráter.

Por longos anos suportei maus tratos, humilhações, perdendo tempo e energia, na tentativa inútil de conseguir um bom relacionamento com essas criaturas.

Já estou livre da necessidade compulsiva de sofrer e livre da obrigação de conviver com indivíduos e ambientes tóxicos. Iniciei agora, uma nova etapa de minha vida, em companhia de gente amiga, sadia e competente: queremos compartilhar sentimentos nobres, enquanto trabalhamos pelo progresso de todos nós

Jamais voltarei a me queixar, falando sobre mágoas e pessoas negativas. Se por acaso pensar nelas, lembrarei que já estão perdoadas e descartadas de minha vida íntima definitivamente. Agradeço pelas dificuldades que essas pessoas me causaram, pois isso me ajudou a evoluir, do nível humano comum ao nível espiritualizado em que estou agora.

Quando me lembrar das pessoas que me fizeram sofrer, procurarei valorizar suas boas qualidades e pedirei ao Criador que as perdoe também, evitando que elas sejam castigadas pela lei da causa e efeito, nesta vida ou em futuras. Dou razão a todas as pessoas que rejeitaram o meu amor e minhas boas intenções, pois reconheço que é um direito que assiste a cada um me repelir, não me corresponder e me afastar de suas vidas.

(Fazer uma pausa, respirar profundamente algumas vezes, para acúmulo de energia).

Agora, sinceramente, peço perdão a todas as pessoas a quem, de alguma forma, consciente e inconscientemente, eu ofendi, injuriei, prejudiquei ou desagradei. Analisando e fazendo julgamento de tudo que realizei ao longo de toda a minha vida, vejo que o valor das minhas boas ações é suficiente para pagar todas as minhas dívidas e resgatar todas as minhas culpas, deixando um saldo positivo a meu favor.

Sinto-me em paz com minha consciência e de cabeça erguida respiro profundamente, prendo o ar e me concentro para enviar uma corrente de energia destinada ao Eu Superior. Ao relaxar, minhas sensações revelam, que este contato foi estabelecido.

Agora dirijo uma mensagem de fé ao meu Eu Superior, pedindo orientação, proteção e ajuda, para a realização, em ritmo acelerado, de um projeto muito importante que estou mentalizando e para o qual já estou trabalhando com dedicação e amor.

Agradeço de todo o coração, a todas as pessoas que me ajudaram e comprometo-me a retribuir trabalhando para o bem do próximo, atuando como agente catalizador do entusiasmo, prosperidade e autorealização. Tudo farei em harmonia com as leis da natureza e com a permissão do nosso Criador, eterno, infinito, indescritível que eu, intuitivamente, sinto como o único poder real, atuante dentro e fora de mim.

Assim seja, assim é e assim será.

RADIÔNICA

É uma ciência que pretende restabelecer um desequilíbrio energético, utilizando somente energia. Utiliza, para tanto, a energia das formas e de aparelhos ditos eletrônicos e não eletrônicos.

A Radiônica é essencialmente um método parafísico de diagnóstico e tratamento, que utiliza a faculdade da percepção extra-sensorial e o conceito da "ação a distância".

Radiônica, ciência galvanizante, que está em franca ascensão, principalmente como terapia que consegue realizar verdadeiros milagres.

Neste livro serão citados os "marcos" pré-radiônicos de pensamentos e idéias intimamente interligadas, primeiro a radiestesia e, então, a radiônica - a partir desta se desenvolveu.

Pretendemos mostrar como, de tempos em tempos, outras experiências apareceram, as quais não se relacionam com a linha principal de desenvolvimento, mas que apesar disto tiveram algumas utilidades na prática da radiônica.

Vamos abordar as teorias mais comuns e as descobertas de cada pesquisador.

Era Pré-Radiônica

Paracelsus (1490-1541)

Foi um grande médico e observador da natureza. Sua crença era de que *todas as doenças têm sua origem na natureza invisível do homem,* e que *o homem físico é uma emanação dos princípios invisíveis.*

Ele também acreditava que há um princípio vital na natureza chamado *prana,* ou energia vital. O sistema de Paracelsus pretendia remover os distúrbios na energia vital, que pudesse causar doenças e fazê-los retornar a natureza.

John Baptist Van Helmont (1577-1644)

Foi um grande seguidor da doutrina de Paracelsus e ampliou a teoria, quando descobriu que há uma *Força Magnética Irradiadora do Homem* e que *pode ser usada para influenciar as Mentes e Corpos dos outros.*

Baron Karl Reichenback (1788-1869)

Reichenback foi um químico industrial. Em 1844, publicou um livro sobre sua descoberta da *Energia Ódica.*

Ele a descreveu como uma *Energia penetrante da natureza, que irradia de todas as pessoas, animais, objetos* e como a *eletricidade,* ela é *polarizada.*

Seu livro confronta os resultados de muitas experiências através de sensitivos com pessoas, magnetismo e minerais, demonstrando que a energia, pode ser acumulada, conduzindo por fios ou focalizada por uma lente e que algumas pessoas podem transmiti-las aos outros, para fins de cura, para causar doenças ou para causar dor.

Dr. Christian Samuel Hahnemann (1795-1871)

Hahnemann foi o fundador da Homeopatia. Sua descoberta era a de que *"Semelhante cura semelhante"*.

Foi também a primeira pessoa a usar o termo *Miasma*, usado para descrever uma predisposição pré-física.

RADIÔNICA NO SÉCULO XX

Dr. Albert Abrahams (1863-1924)

Abrahams concluiu o curso de medicina na América e foi estudar na Universidade de Heidelberg, onde se graduou.

Tornou-se professor de patologia no Cooper Medical College, na Universidade de Stanford.

Em 1910 publica "Novos Conceitos de Diagnóstico e de Tratamento". Baseando-se numa década de pesquisas, expõe dois conceitos fundamentais.

Toda matéria irradia e não importa qual tipo de matéria, suas características dependem dos componentes moleculares do material em causa.

As radiações emitidas pelos diferentes tipos de matéria (diferentes órgãos de um corpo vivo) podem ser selecionadas e as amplitudes das radiações medidas. Desta forma seu propósito passou a ser o de descobrir e fabricar um instrumento que fosse capaz de emitir radiações que pudessem neutralizar aquelas emitidas pelos órgãos doentes. Após muitas pesquisas e testes foi criado o *"Ociloclast"*.

Em sua jornada Abrahams, despertou a atenção de muitos médicos, quiropatas e osteopatas que receberam instruções diretamente dele, sobre como aperfeiçoar o diagnóstico, o tratamento da doença e de como prevení-la.

Entre seus seguidores, destacou-se a quiropata *Ruth Drown* por sua considerável contribuição ao mundo da radiônica.

Dra. Ruth Drown (1896-1966)

À Dra. Ruth Drown são atribuidas quatro inovações:

1. Incorporou uma haste percussora revestida de borracha em um aparelho radiônico, para usar como detector.
2. Passou a tratar regularmente os seus pacientes à distância, usando uma pequena amostra de sangue como testemunho, tratamento a que deu o nome de Radioterapia.
3. Percebeu a importância do tratamento das glândulas endócrinas, dando aos futuros pioneiros o exemplo da importância dos chackras relacionados com as glândulas endócrinas.
4. Construiu uma câmara radiônica que produzia fotografias dos órgãos internos, a partir do testemunho do paciente.

Em 1946, Dra. Drown foi condecorada com o certificado de Honra ao Mérito, do Museu de Nova York da Ciência e Indústria, pelos seus esforços em estimular o interesse geral no corpo humano e na cura de suas doenças.

Graças ao seu espírito pioneiro e ao seu trabalho árduo, a prática da radiônica sobreviveu e foi passada à outros, antes de ser finalmente perseguida por aqueles que nutriam outros interesses.

Foi presa aos 70 anos e todos os seus aparelhos destruidos.

George De La Warr (1904-1969)

De La Warr era engenheiro civil, mecânico diplomado e seus trabalhos de radiônica começaram por volta de 1942.

Dedicou a maior parte de seu tempo ao estudo da radiônica, com muitas novas descobertas. Fundou um laboratório de pesquisas em Oxford (Inglaterra).

Citamos aqui alguns de seus feitos:

– desenvolveu um *aparelho radiônico de diagnósticos,* o qual ainda é fabricado e usado nos dias atuais.

– inventou o *Clorscópio Radiônico* - que projetava cores em um testemunho ou em um paciente.

– criou a lâmpada de *Irradiações Radiônicas.*

– construiu uma Haste *Detectora Portátil,* para localizar campos de força (auras) de plantas e objetos.

– descobriu como fazer as *plantas* crescerem melhor, plantando-as com o eixo em determinada posição de grau em relação ao *eixo magnético da terra.*

– estendeu seus *trabalhos à distância* conseguindo tratar com êxito *colheitas* na Escócia, a partir de seu laboratório em Oxford e mais tarde, também ajudou granjeiros, cujas fazendas estavam na África e América.

Através de seus aparelhos fabricou um remédio contra a coriza nasal, com o nome de Cinnigen 140, que aliviava os sintomas em uma hora e fazendo-os desaparecer na quarta dose, antes de 24 horas.

Também dirigiu seus aparelhos para a detecção de água, minerais, objetos e pessoas perdidas.

De La Warr foi capaz de fotografar eventos passados e alguns não sucedidos. Como exemplo, podemos citar duas de suas experiências: a foto de seu casamento, celebrado em 1929, que foi tirada em 1950, vinte e um anos mais tarde. Em 1960, colocou em sua câmara uma semente de lírio, sintonizou os controles e também sua mente, repetindo as palavras: "capacidade de germinação". Poucos instantes depois, obtinha a fotografia de um bulbo. Entusiasmado, tornou a colocar a semente na câmara e mentalizou: "capacidade de floração". Depois de alguma espera, obteve a foto de um lírio totalmente aberto.

Malcom Rae (1913-1979)

Rae começou seu trabalho de pesquisa em Radiônica no ano de 1960.

Expressou três pontos muito claramente:

- A sensibilidade radiestésica está latente em todas as pessoas e é bem desenvolvida em algumas. Duas pessoas podem obter resultados, ligeiramente diferentes em suas pesquisas radiônicas, devido ao fato de usarem sua sensibilidade de formas diferentes.

- Por focalizar esta sensibilidade com nossos pensamentos e questões, a informação que ela capta está intrinsecamente relacionada com os pensamentos que usamos.

- Para focalizar nossos pensamentos mais precisamente, concluiu que proporções ou formas podiam ser usadas para expressar um pensamento, mas palavras poderiam vir a falhar ao expressá-lo acima da mente.

Malcom Rae desenvolveu muitos aparelhos de radiestesia, quatro dos quais são usados hoje em dia, como um complemento para a prática de radiônica e da homeopatia.

David Tansley

Tansley começou a estudar radiônica em 1970. Sua principal contribuição para a radiônica é dupla: primeiro, seus livros sobre a anatomia e a radiônica, em segundo, seu processo de análise para a anatomia sutil do homem.

Conclusão

Para compreender a Radiônica corretamente, é necessário primeiro estabelecer uma certa estrutura de conhecimentos, para compreender cuidadosamente os princípios nos quais ela se fundamenta.

Isto exigirá do leitor o máximo de sua habilidade para pensar, para usar a imaginação, para transpor idéias e ser paciente, sensível e persistente. Tudo isso o ajudará a deixar de lado concepções da sua educação formal.

O mais importante da Radiestesia e da Radiônica está na figura do operador, que deve pautar a sua conduta dentro da Filosofia Huna, que lhe confere um status de pessoa íntegra, conscientemente apta à conquistas para si próprio e para o bem da humanidade.

ENERGIA DAS FORMAS

A Radiônica é o aprendizado da emissão de energia à distância, com o uso de formas (desenhos geométricos) e aparelhos.

Para tanto, é básico e fundamental, que o operador seja um bom radiestesista. Cada qual deve aumentar a sua sensibilidade, para o que existem diversos meios, por exemplo, leitura de livros que tenham abertura para o assunto ou temas ligados à radiestesia, relaxamentos, etc. Quando falamos de sensibilidade, queremos dizer sensibilidade física, espiritual e mental.

Há necessidade do operador estar calmo, sem tensões, sem dispersão de seus pensamentos, enfim, estar concentrado naquilo que está fazendo. Sem isso, torna-se mais demorado o escalonamento dos degraus do conhecimento e a obtenção de uma segurança pelo operador.

Mas, voltando ao tema inicial, dissemos que na radiônica utilizamos a energia das formas e de aparelhos.

O que é energia das formas?

Todos nós conhecemos o quadrado, pentagono e demais poligonos, o círculo e ainda, conjugações dessas diversas formas.

Essas formas, são emissoras e ressoadoras de energia. E, a confirmação disso poderá ser feita com o uso do pêndulo.

Este não é um conhecimento novo. É muito mais velho que a "Sé de Braga".

É um conhecimento que nos veio dos egípcios, dos sacerdotes do templo de Ísis, certamente. São conhecimentos esotéricos. Não eram do conhecimento público, mesmo naqueles tempos imemoriais.

Platão, no seu livro Timeu, 350 a.C., nos revela a mística de certas figuras particulares - triângulos, círculos, esferas e outras (como por exemplo, poligonos regulares, pirâmides, cones, delas derivados) - pág. 83 de Mathematics in the Making, de Lancelot Hogben.

Os conhecimentos de Platão, muito influenciados por Sócrates, foram auferidos dos sacerdotes egípcios, muito certamente. Por lá, ele andou durante três anos, travestido de mercador de azeite ... Azeite, achamos que não vendeu ...

Muito saber, também, nos veio pela tradição. Entretanto, muita coisa foi perdida no esquecimento ou nas deturpações, prescindindo de demonstração, tal afirmativa.

São conhecimentos, portanto, milenares. Agora, estão sendo redescobertos e recompostos, nos permitindo, talvez, aprimorá-los com o exercício de uma técnica moderna.

Entretanto, há muita coisa a ser desenterrada. O segredo das antigas civilizações, o seu elevado saber, precisa ser desvendado para uso em benefício do homem moderno.

E, entre esses segredos, grandes segredos, está a Pirâmide.

Pirâmides

O estudo científico da pirâmide teve seu início modernamente há pouco tempo.

A ciência "oficial" não tem pejo de fazer afirmações graciosas e absurdas à respeito da pirâmide. Uma delas é a de que a pirâmide foi construída para servir de túmulo para os faraós; quando essa mesma ciência, sabe, que nenhum faraó foi sepultado dentro de pirâmides.

Quanto à sua construção, os disparates são inúmeros e afirmamos isso, não porque conhecemos a forma como foi construída, mas porque as soluções apresentadas não resistem à uma análise. Ainda hoje, está em aberto uma explicação lógica e racional de sua construção e sua finalidade.

Sabemos que a pirâmide possui uma capacidade mumificadora, mas somente tal fato não explica, nem justifica a construção de uma tal obra.

Um dos primeiros cientistas a fazer experiências com a pirâmide foi o francês André Bovis.

Bovis, quando esteve no Egito, encontrou animais mortos dentro da pirâmide. Estavam desidratados e não putrefatos, e sim mumificados.

Regressando à França, construiu uma réplica da pirâmide de Queóps, conseguindo a mumificação de um gato morto, colocado dentro da pirâmide, no ponto onde estava localizada a câmara do rei.

Da Tchecoslováquia, nos vem a notícia de Karl Drball, que construiu uma pequena pirâmide, réplica de Queóps, e dentro dela colocou uma gilete, com o intuito de verificar se ela anulava o corte da lâmina.

Drball, que durante a guerra presenciara a brincadeira de seus colegas, que tiravam o corte de suas navalhas, colocando-as à luz do luar, resolveu tentar a experiência com a pirâmide; entretanto, o resultado obtido por Drball foi o contrário: a pirâmide restaurava o corte da lâmina.

A partir dessa descoberta, solicitou, então, uma patente de sua invenção, e a conseguiu depois de nove anos de lutas, com o governo tcheco.

A difusão das experiências de Bovis e Drball foi feita por duas americanas: Sheila Ostrander e Lynn Schroeder, autoras do livro Phsychic Discoveries Behind the Iron Curtain.

Desde então, após inúmeras pesquisas em laboratórios, sabe-se que a forma piramidal, qualquer que seja o material aplicado, condensa e irradia uma energia altamente benéfica ao ser humano. Foram realizadas com sucesso, experiências tais como: energização de sementes, água, conservação de alimentos, equilíbrio energético, etc.

Sabemos também que a base da pirâmide possui espectros de energias, e, que cada uma delas corresponde a uma determinada cor, e, cada cor serve para uma determinada finalidade, como explicamos a seguir.

Na metade da face Oeste encontramos a freqüência vermelha; ainda no Oeste se aproximando da face Norte, temos o laranja. Na face Norte próximo da Oeste encontramos a energia amarela: no meio da Norte temos o verde positivo, e em direção ao Leste a freqüência azul. Na face Leste próximo a Norte, temos o índigo (anil), e no centro da Leste encontramos o violeta.

Além dessas freqüências das cores ditas visíveis, temos também a freqüência das cores ditas invisíveis. Na face Oeste aproximando-se do Sul, temos o infra-vermelho; no outro lado na face Leste encontramos o ultra-violeta. No Sul próximo ao Oeste chegamos ao preto; no centro da face Sul o verde negativo e perto do Leste o branco. Tudo conforme Fig. 29.

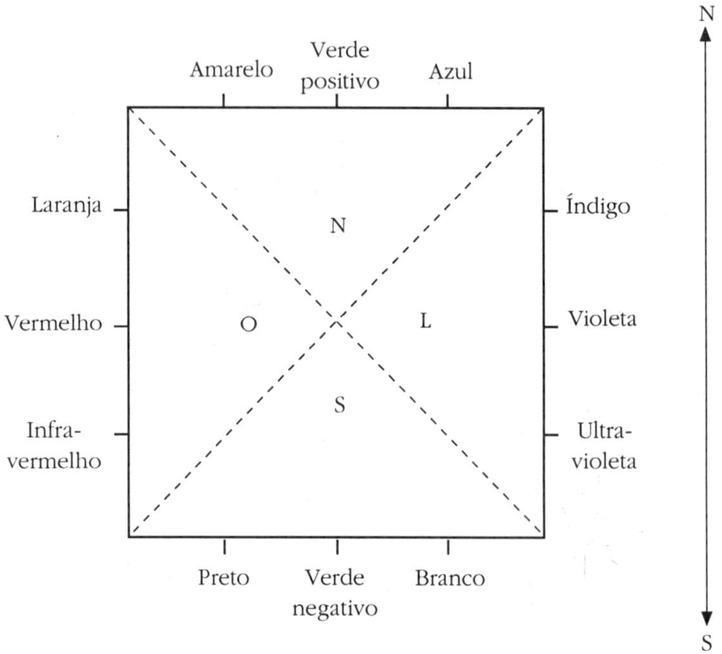

Fig. 29

Aconselho o estudioso a fazer até consigo próprio uma pesquisa, utilizando-se de um espectro das cores, conforme o exemplificado pela fig. 30.

Colocando um testemunho (foto, cabelo, etc.) no círculo maior do gráfico, o leitor pode perguntar ao pêndulo qual a freqüência de que ele está carente no momento.

O pêndulo indicará uma cor (caso haja realmente uma carência) e o operador ficará então cônscio da procedência da indicação, quando verificar à aplicação daquela freqüência energética, entre as quais, estará alguma anomalia por ele apresentada.

Para repor a energia, bastará a colocação do testemunho, sob a pirâmide, no ponto específico da freqüência indicada pelo pêndulo.

O local que estava sem energia se apresentará energizado, quase que imediatamente. Comprova-se essa reposição da energia, colocando-se o aurameter apontando para a região afetada, e ele cairá sobre o local. Após, colocado o testemunho sob a pirâmide, verifica-se que o aurameter, paulatinamente, se afastará da área afetada demonstrando com isso a volta da energia.

Consulte o quadro de aplicações terapêuticas, para maior esclarecimento.

Outra curiosa observação a ser feita, é a de que a maioria das pessoas, julga que a face da pirâmide voltada para o Norte, seja aleatória, entretanto, outras não pensam dessa maneira, pois a pirâmide não posicionada apresenta uma aresta da base negativa, e as demais positivas, e dessa forma é essa face (aresta negativa) que deve ser voltada para o norte (Fig. 31).

Falamos assim da réplica da pirâmide de Queóps, que normalmente é confeccionada de metal, papelão, pedras, cristal, etc.

Devido ao cristal ser capaz de captar 100% da energia cósmica condensada dentro da forma piramidal, faremos um pequeno apanhado sobre a pirâmide de cristal.

Pirâmide de Cristal

Apresenta a característica de fortíssima irradiação de energia, e mesmo não posicionada norte-sul, continua irradiando energia.

Utiliza-se a pirâmide de cristal diretamente no corpo da pessoa, ou indiretamente nos gráficos e aparelhos de radiônica; como adereço na forma de pingente, dentro de filtros, ou mesmo dentro de copos e jarras de vidro, para energização da água a ser ingerida.

A água energizada tem um efeito altamente benéfico para: enxaquecas e dores em geral; problemas de coluna, reumatismos, artrites; cicatrizar feridas, cortes, ferimentos e queimaduras, regular o metabolismo, problemas de insônia e de esgotamento: regular as funções intestinais; bronquites, alergias, problemas renais, etc.

Pode ser utilizada para outros sintomas, e também para outros fins.

Pesquisa Terapêutica (Pirâmide)

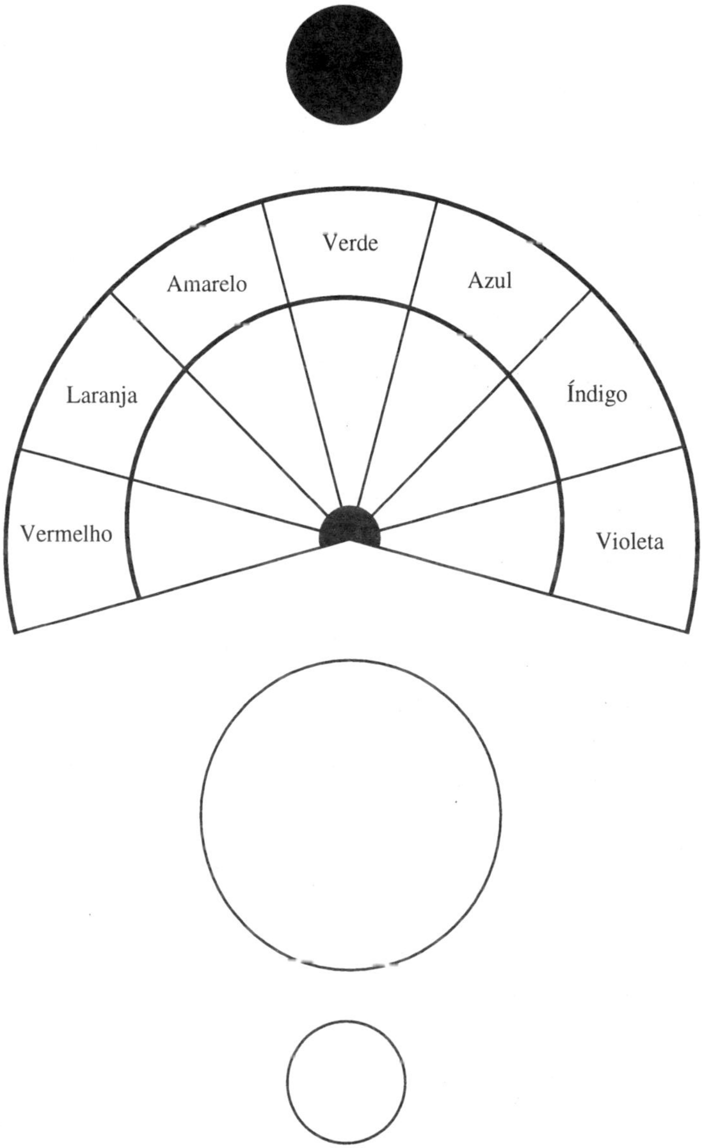

Fig. 30

Aplicações Terapêuticas

Cor	Anomalias físicas	Efeitos Emocionais
Vermelho	Resfriados, coriza, tremores de frio, bronquite, anemia, dores reumáticas, diarréias, constipação intestinal, neurastenia, menstruação deficiente, pressão arterial baixa, cansaço físico.	Estimula o espírito, energia vital, força criadora, concentração, estimula a extroversão.
Laranja	Fraqueza pulmonar, bronquite, asma hipertiroidismo, resfriado crônico, cálculos biliares e renais, cãibras, hemorróidas, interrupção de regras, diarréias.	Otimismo mental, dá sensação de bem-estar, fortalece a energia sutil, traz equilíbrio.
Amarelo	Constipação, paralisias, inchação abdominal, problemas de fígado, de vesícula, eczemas, indigestão, parasitas intestinais, sangue impuro, dores de cabeça, úlceras crônicas.	Estimulante nervoso, revitalizante, combate a melancolia e a depressão, estimula o intelecto.
Verde	Dores dorsais, hipertensão, hemorróidas, doenças venéreas, doenças do fígado, perda de apetite, dores de cabeça, úlcera do estômago, nevralgias, regenerativo físico.	Alívio da insônia, acalma a cólera e a tensão nervosa, regenera a mente, equilibra as desordens emocionais e psíquicas, elimina medos e manias.
Azul	Dores de cabeça, vômitos, reumatismos, problemas de garganta, asma, infecções, febres, queimaduras, insônia, dores, epilepsia, espasmos, angina, tosse, obesidade, excesso de peso.	Induz a paz, tranquilidade, meditação, combate o egoísmo, favorece a intuição, abre o mental, harmoniza e energiza o mental e espiritual.
Índigo (anil)	Dores em geral, esterilidade, sinusites, edemas, reumatismos agudos, ciáticas, nevralgias, convulsões, otite, catarata, nefrite, sangramento do nariz, perda do paladar, apendicite.	Estimulante dos sentidos, calmante, estimula a intuição, acalma o mental, estimula a circulação de energia sutil nos canais energéticos.
Violeta	Problemas do baço, indigestão crônica, nevralgias e dores articulares, cistites, tosse seca, queda de cabelos, má ossificação, asma, raquitismo, problemas renais, lumbago crônico.	Controle da irritação, da cólera, trata dos medos, fobias, complexos e angústias, ciúme e nervosismo, acalma as emoções violentas.

Posicionamento da Pirâmide

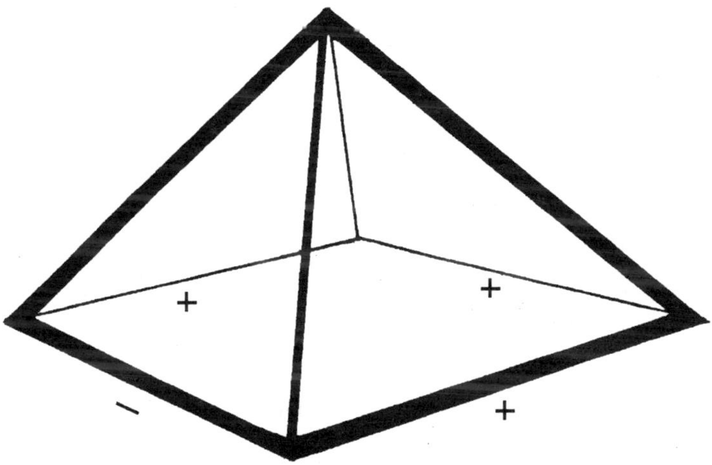

Fig. 31

O leitor tem diante de si um campo aberto para experimentação, do que acima foi dito e que servirá como ponto referencial, permitindo-lhe novas e mais profundas experiências, a respeito da capacidade curativa dessa forma fantástica, que é a pirâmide. O mesmo se diga a respeito do cone, que nada mais é do que uma pirâmide que girou sobre seu próprio eixo.

Dizem os estudiosos que a pirâmide de Queóps teria sido construída em homenagem às ciências exatas, ali encontramos a aplicação do conhecimento do nº PI (3,1416) e do nº FI (0,618). E, a respeito da pirâmide de Quéfren dizem que foi construída em homenagem à medicina.

Sem entrar no mérito dessas afirmações, o fato é que com as medidas da pirâmide de Quéfren temos tido resultados excelentes no tratamento de doenças. Utiliza-se a pirâmide de Quéfren da seguinte forma:

1. Prepara-se um objetivo pedindo a cura da doença(especificando-a), escrito a lápis num papel redondo.
2. Coloca-se para potencializar o objetivo e o testemunho dentro do decágono.
3. Após uns 20 minutos, segura-se o objetivo e o testemunho com a mão esquerda (antena) e com o pêndulo na mão direita, procura-se a posição ideal dentro da área da pirâmide, onde deverão ser colocados, um sobre o outro.
4. Este gráfico deve estar posicionado norte-sul.

Esta forma piramidal tem sido utilizada com muito sucesso, em casos de febres, feridas, problemas renais, e em casos em que há desequilíbrio de sódio e potássio (Fig. 32).

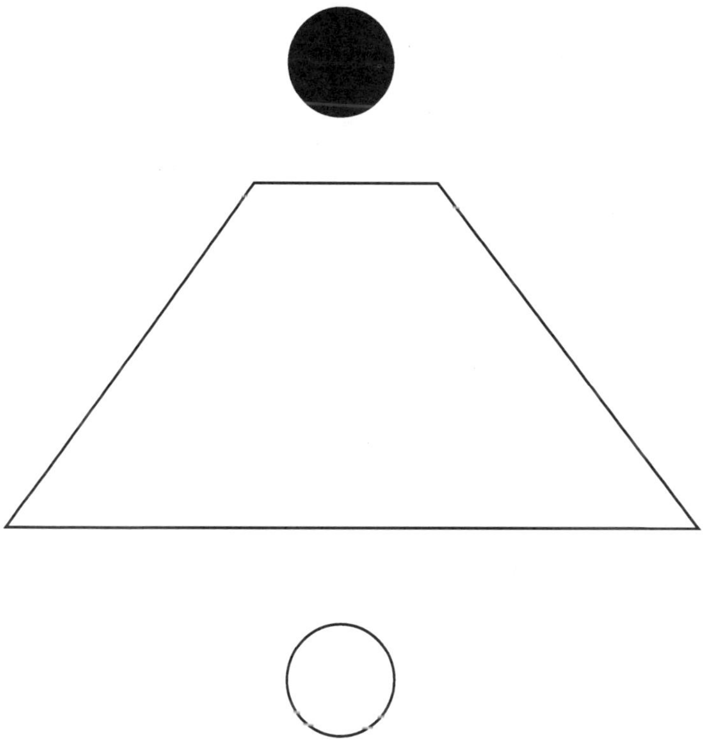

Fig 32

FREQÜÊNCIAS AO LONGO DO FIO DO PÊNDULO

O radiestesista pode determinar as diversas freqüências energéticas ao longo do fio do pêndulo.

Posicionada a pirâmide no sentido N-S, o radiestesista colocará o pêndulo sobre o ponto da energia vermelha (centro da face oeste) e irá soltando o fio vagarosamente, até que o pêndulo comece a girar no sentido horário (positivo) quando estará então, em sintonia com a freqüência vermelha; em seguida levará o pêndulo sobre o ponto da freqüência laranja, e o mesmo vai parar de girar, começando a fazer movimentos oscilatórios. O radiestesista então soltará mais fio até que o pêndulo volte a fazer movimentos giratórios positivos. Neste ponto, estará em sintonia com a freqüência laranja. Seguidamente passará para o ponto da energia amarela. O pêndulo pára de fazer movimentos giratórios e começa a fazer movimentos oscilatórios. Novamente, o radiestesista soltará mais fio, até que os movimentos pendulares passem a ser giratórios, no sentido horário e assim estará sintonizado com a freqüência amarela. Este será o mesmo procedimento, para com as demais freqüências, verde positivo, azul, índigo e violeta. Observe a Fig. 33.

Quando tiver certeza da altura do pêndulo (extensão do fio), fará um nó em cada ponto das energias sintonizadas (vermelho, laranja, amarelo, etc.). No caso, de se necessitar da energização de uma daquelas freqüências, bastará segurar o pêndulo na altura do nó correspondente e provocar girações no sentido horário, sobre a cabeça do paciente.

Freqüências ao Longo do Fio do Pêndulo

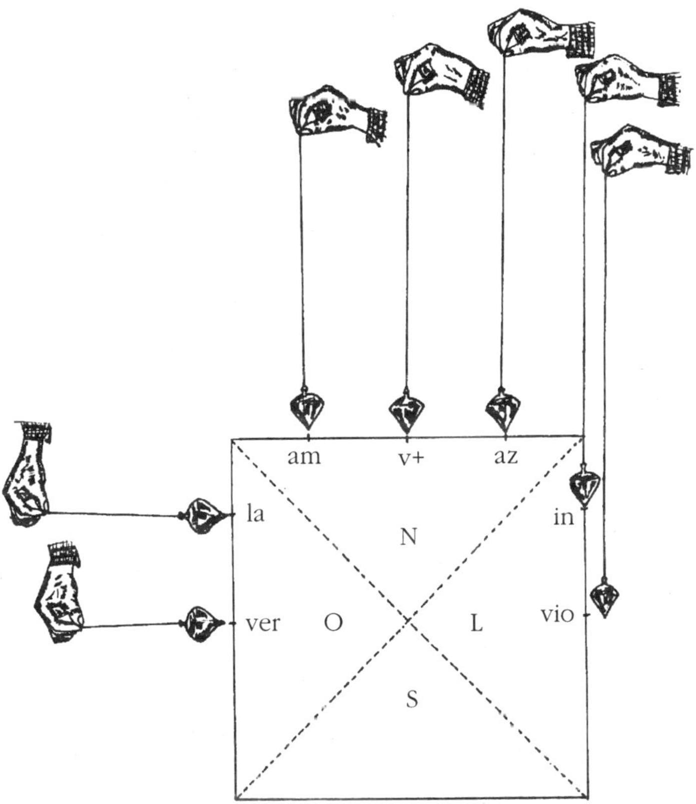

Fig. 33

INCUBADORA

Usando uma pirâmide como incubadora para materializar um pedido agiremos da seguinte forma:

Pega-se uma folha de papel colorido de formato quadrado, e corta-se de forma triangular. A cor do papel deverá ser de acordo com o pedido.

Azul – para pedidos de cura.
Verde – para pedidos amorosos.
Laranja – para pedidos que requeiram clareza mental.
Amarelo – para desenvolvimento da intuição e para pedidos materiais.

No triângulo colorido, escreve-se o pedido (a lápis) de maneira clara e objetiva, com o menor número de palavras possível.

Feito isto, manter o papel entre as palmas das mãos unidas, enquanto faz uma oração especial por duas vezes, com a convicção de que seu desejo será realizado.

Em seguida, dobra-se o vértice do triângulo de papel sobre a base e depois esta última sobre a dobra anterior (ver as figuras a seguir).

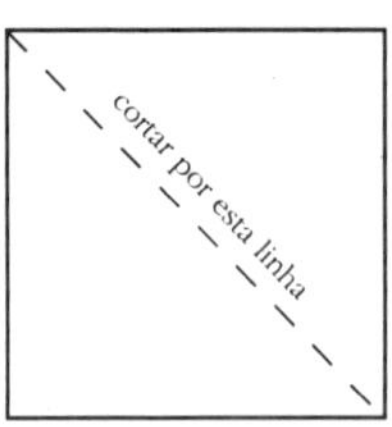

folha quadrada

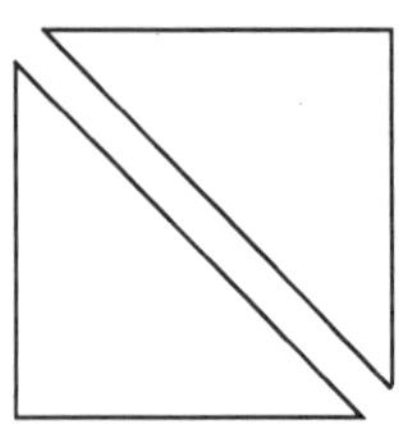
folhas cortadas

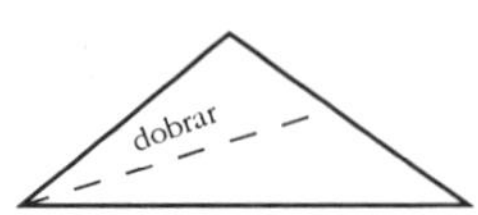

dobra

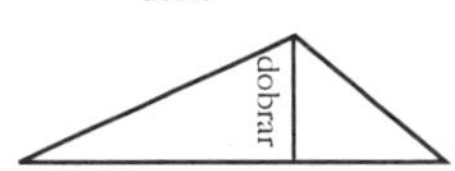

2ª dobra

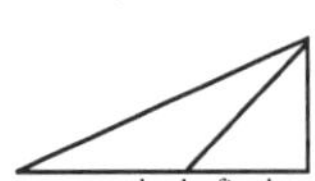
resultado final

Coloca-se o pedido depois de pronto sob a base da pirâmide previamente orientada no sentido N-S, de modo que a parte mais comprida do papel fique na direção do Norte. A seguir, colocam-se as mãos (palmas) sobre o pedido e repete-se a oração mais uma vez, dando-se então o início do período de incubação do pedido.

O "período de gestação" se dará ao término de nove dias. Durante esse tempo, ajuda-se o processo repetindo a oração inicial duas vezes por dia (manhã e noite), olhando fixamente para o Norte da pirâmide.

Após os nove dias, pega-se o papel, desdobrando-o e segurando-o por um dos ângulos, para então queimá-lo. Depois de totalmente queimado, jogam-se as cinzas em água corrente.

Realizado esse trabalho, aguarde a realização do seu pedido.

CONE

Ao iniciarmos o tema ***"Cone"***, não podemos deixar de citar a pesquisa de George H. Williamson, sobre o assunto, em seu livro "Os Segredos do Leão", Ed. Record.

"Uma visão interessante da Atlântida é a história do "chapéu de asno". O símbolo permanece até hoje, sob a forma do chapéu de asno cônico, colocado na cabeça de nossos avós na escola, quando eles faziam uma burrice na sala de aula. O chapéu é um cone e o cone é uma grande fonte de energia. Na Atlântida era usado um dispositivo semelhante na cabeça daqueles que haviam sofrido problemas cerebrais por acidente ou que tinham natureza criminosa. Este dispositivo era na realidade um instrumento "eletrônico" e o lado de fora do cone era de cobre, preso a outros controles complicados. Portanto, podemos ver como ele passou para nós, na forma atual, a ser colocado na cabeça daqueles que não são assim tão "brilhantes". Todos conhecem o chapéu cônico que simboliza o mágico, seja nas artes brancas ou negras.

A Rainha Mexicana das Bruxas, Tlazolteotl, usa um chapéu de cone igual ao da bruxa européia. Em um esconderijo na rocha, numa colina próxima do vilarejo de Cogul, na Espanha, pode ser visto um notável mural. Foi executado por artistas cro-magnons aurignacianos. Essa pintura representa um número de mulheres usando chapéus pontudos (cônicos).

A bruxaria e seu chapéu de cone prevalecia entre os cro-magnons, o povo das Ilhas Afortunadas, das Ilhas Canárias e as raças antigas do continente americano. Parece evidente que essa forma de bruxaria não viesse da América, através da Ásia. Parece ter existido nos primeiros tempos, tanto na Europa, quanto na América.

O deus egípcio Osíris usava o chapéu branco em forma de cone e os índios Chippewa da América do Norte ainda produzem grandes poderes e magia espiritual nas cabanas em forma de cone, que pessoas viram serem sacudidas com muita força, embora seus suportes fossem enterrados fundo na terra.

O conhecimento científico do uso de cones de força para curar a doença mental é muito antigo.

A Pirâmide foi construída sobre uma anomalia magnética natural; sua forma piramidal de cone ampliou essa força natural e ela se tornou, literalmente, um instrumento de grande energia cósmica e de força".

O cone nada mais é do que uma câmara de resso–nância que produz vibrações na mesma faixa de onda da doença. Essa vibração torna-se curativa por isso mesmo (Fig. 34).

O cobre se mostrou um material excelente para a confecção de um cone; como de resto observamos em outros materiais radiônicos, como por exemplo o Bastão Atlante.

Pedi às pessoas que estavam utilizando o cone de cobre que me dessem notícias e após, muitos retornos e muitas pesquisas, posso afirmar que o cone de cobre, cura inúmeros problemas de saúde, restaurando órgãos doentes e suas funções como que milagrosamente. Temos casos comprovados de pessoas que tiveram sua saúde restaurada com o uso diário do cone.

Por exemplo, podemos citar: desaparecimento de miomas, prolapsos de útero, restabelecimento de cirurgias oculares, aceleração da consolidação óssea, regeneração de tecidos, cura de enxaquecas, desaparecimento de dores localizadas, etc.

Citaremos aqui um dos muitos casos interessantes que chegam às nossas mãos.

Uma pessoa encontrava-se doente e após vários exames clínicos tinha obrigatoriamente que passar por uma delicada cirurgia. Não conformada com essa perspectiva passou a usar o cone por um período de 10 dias, após o que não mais se sentia doente. Tornou a refazer os exames e foi constatado, que o seu problema havia desaparecido, não mais necessitando fazer a cirurgia.

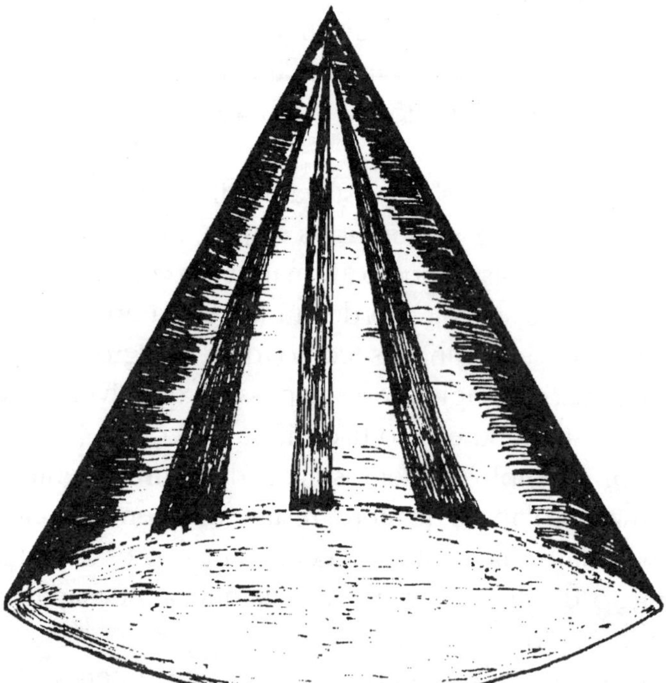

PÓ DA SIMPATIA

O uso do *vitríolo de cobre (sulfato de cobre)* o famoso *"poudre de sympathie"*, no qual estão em evidência os efeitos refrescantes e sedativos do cobre.

Este método de "magia medieval" (1644) - França, foi redescoberto em 1976.

São notáveis os seus efeitos. Ele pode afetar o espírito, tornando-o benevolente e pacífico e também age diretamente no tratamento de ferimentos.

Os grandes magos medievais partiam da premissa, de que cada parte de um corpo vivo, mesmo as que foram removidas desse corpo, permaneciam ligadas a ele, pelo "campo etérico de vibração" e que qualquer coisa, que aconteça no corpo, é registrada na parte removida. O que se fizer com esses pedaços de corpo, terá efeitos sobre a pessoa viva.

Esse método foi usado (séc. XVII) para tratar feridas, da seguinte forma: colocavam em uma tigela, água e um punhado de vitríolo de cobre e uma atadura com o sangue do ferido, que logo sentia um efeito refrescante. Desta forma, a ferida parava de inflamar e cicatrizava.

Existem relatos sobre esse método de cura no livro de Kenelm Digby, nobre da corte do Rei Carlos I, da Inglaterra, publicado em 1658. Ele descreve que, durante um duelo, Mr. Howel sofreu um ferimento na mão.

Este foi tratado até pelos cirurgiões do rei e nada adiantou. O ferimento não melhorava, então Mr. Howel pediu ajuda a um médico, que fazia o tratamento com o vitríolo de cobre e que logo começou a tratá-lo.

De imediato, cessou a grande dor que sentia, em conseqüência da extrema inflamação que o atormentava e uma espécie de frescura agradável se espalhou por sua mão.

A notícia correu pela corte chegando ao conhecimento do rei, que ficou curioso e queria saber detalhes do acontecido.

Então Mr. Digby fez a seguinte experiência: "tirou a atadura com sangue, de dentro do recipiente de água com vitríolo, torceu e colocou para secar diante de uma grande lareira".

A atadura ainda não estava seca quando chegou em casa, o criado de Mr. Howel dizendo que ele estava sentindo muito calor na mão como se ela estivesse entre carvões em brasa.

Então, Mr. Digby mandou-o para casa dizendo que seu Amo estaria livre daquele mal-estar, antes que ele chegasse em casa.

Imediatamente, Mr. Digby recolocou a atadura no pó de vitríolo e o alívio de seu paciente foi imediato.

Cinco dias depois, as feridas estavam cicatrizadas e completamente curadas.

TESTEMUNHO

O que é um testemunho?

Testemunho é uma fração que tem as características do todo. Por exemplo: Um fio de cabelo, um pedacinho de unha, um pouco de saliva, uma gota de sangue, podem representar uma pessoa, porque ali está o seu DNA. Também se utiliza uma roupa ou um objeto de uso costumeiro para servir de testemunho, porque ele estará impregnado com a freqüência energética da pessoa. Uma foto também servirá, caso em que, deve-se usar de preferência o negativo.

Uma empresa comercial estará configurada pela sua razão social, pelo seu nome fantasia e pelo seu endereço.

Uma residência estará configurada pelo seu endereço e pelo nome do seu proprietário ou pelo número de registro de imóveis. Um automóvel será pelo modelo, número da placa, ano e a cor, ou ainda pela fotografia.

Quando houver dificuldade de um testemunho de uma pessoa (foto, cabelo, sangue, etc.) ele poderá ser fabricado.

Fabricação de um Testemunho:

O radionicista "fabricará" um testemunho, utilizando o nome completo da pessoa, o dia o mês e o ano de seu nascimento. Escreverá esses dados a lápis num papel circular branco e o colocará no decágono para potencialização. Após um ritual que consiste em borrifar água no papel escrito com os dados da pessoa, mentalizando-se que ali está sendo impregnado o sangue dessa pessoa e em seguida passar um pouco de sal, mentalizando-se que ali está o corpo. Após 30 minutos, o testemunho estará pronto para ser utilizado.

Recomendo que após o uso, o testemunho deva ser guardado em um envelope para utilizações futuras.

DECÁGONO

O decágono é uma das formas mais importantes em radiônica. Ele serve para ampliar, potencializar, sintonizar e ativar a energia dos pedidos que ali são colocados, por um período de 20 a 30 minutos (Fig. 35).

Também se utiliza o decágono para desimpregnar um testemunho. Por exemplo: Uma fotografia que será usada como testemunho. Normalmente, ela está impregnada com a energia das pessoas que a manusearam. Essa fotografia deverá ser colocada no decágono, que além de eliminar as freqüências não próprias, também realça as freqüências da pessoa em questão.

Fabricação de Remédios:

Utiliza-se o decágono para fabricação de remédios, como se fora um laboratório particular.

Pega-se um papel branco e redondo, onde se vai escrever em primeiro lugar o nome do medicamento, que não deve ter conotações com nome de remédios alopáticos ou homeopáticos. esse nome deve ser criado, isto é, inventado pelo radionicista. Em seguida, escreve-se a lápis (o grafite é condutor) a destinação do remédio, usando-se termos que configurem uma energia de cura. Por exemplo: "Remédio próprio e excelente para a cura dos males do fígado de fulano de tal". Assim estaremos dando uma destinação para a cura dos problemas do fígado de uma determinada pessoa.

Esse papel deverá ser colocado durante 30 minutos dentro do decágono. Após esse período, coloca-se um copo d'água sobre o papel do remédio que está no decágono e deixa-se por 5 minutos, passado esse tempo o remédio estará pronto para ser tomado. Logo após, pergunta-se ao pêndulo se há necessidade de uma outra dose. Se houver, pergunta-se no gráfico do relógio (Fig. 36) o tempo de intermediação de uma dose para outra, e quando chegar o momento, terá o mesmo procedimento anterior.

Na hipótese do destinatário do remédio não poder tomá-lo porque está à distância, ou porque não acredita ou não quer, o radionicista ao invés de colocar o copo com água sobre o papel com o nome do remédio, colocará o testemunho da pessoa por 5 minutos. Havendo necessidade de nova dose, procederá da forma já explicada.

Decágono

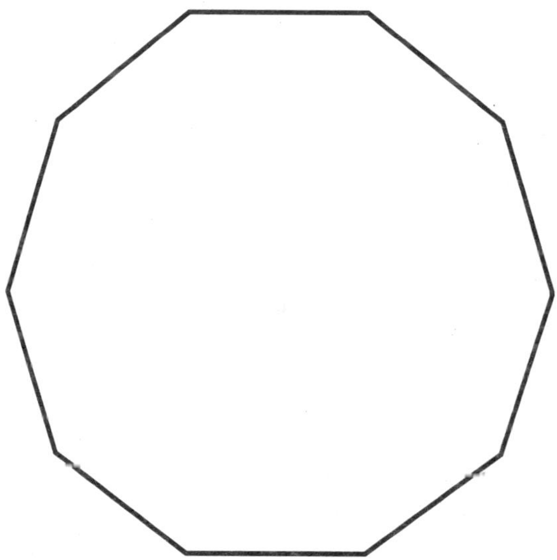

Fig 35

RELOGINHO

Serve para descobrir os melhores horários para as atividades especiais: para marcar pressão, febres, dosagem de remédios, tempo (horas-minutos) em trabalhos de radiônica (Fig. 36).

Deve ser usado da seguinte forma:

- colocamos o pêndulo no centro do gráfico (ponto negro) e fazemos a pergunta do que queremos saber.

No círculo interno pesquisamos as horas e no círculo externo os minutos.

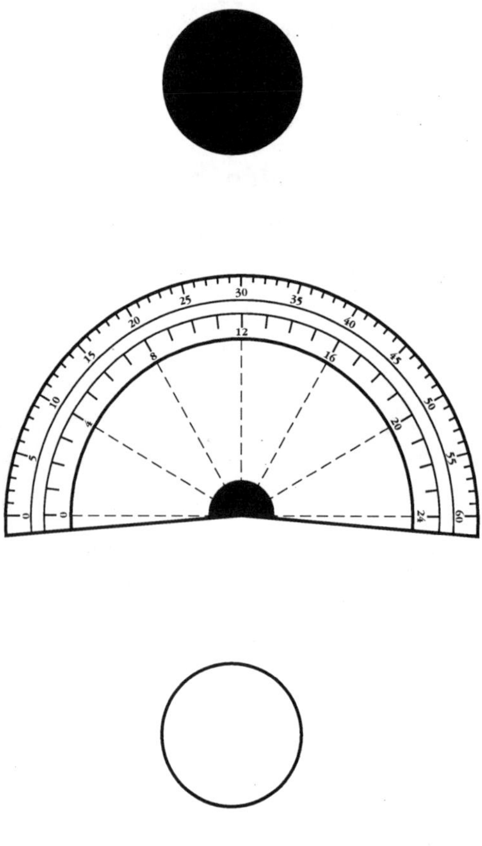

SINTONIA FINA

O gráfico da Sintonia Fina é utilizado para estabelecermos uma melhor sintonização com as energias que irão materializar o pedido a ser alcançado.

Colocamos a mão esquerda sobre o gráfico com o qual estamos trabalhando no momento e com o pêndulo na mão direita sobre o gráfico da sintonia fina (fig. 37) verificamos que se o pedido estiver bem sintonizado o pêndulo irá para o número 1, caso contrário ele oscilará para a direita ou para a esquerda.

Utilizando um cristal em cima do pedido, fazemos nova medição e caso permaneça a distorção, giramos o cristal para a direita ou esquerda, até que o pêndulo oscile sobre o número 1.

Também podemos entrar em sintonia com uma pessoa que não vemos há algum tempo, bastando para isso mentalizarmos essa pessoa e girar o cristal para a direita ou para a esquerda conforme a direção acusada pelo pêndulo. Quando o pêndulo oscilar sobre o número 1, estaremos em sintonia com essa pessoa.

* Fazemos a observação de que a Sintonia Fina deve ser utilizada nos gráficos em geral.

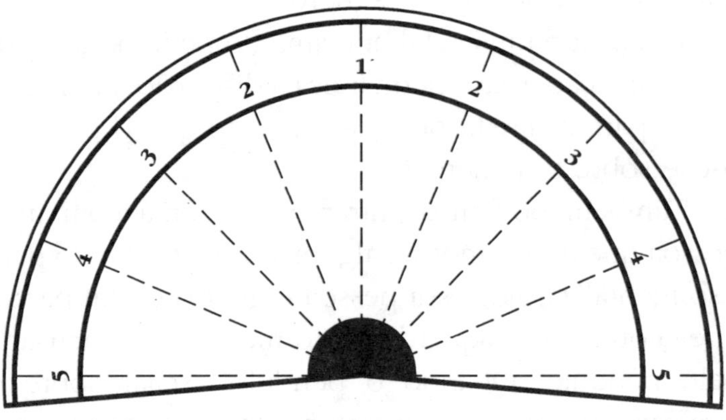
1
2
2
3
3
4
4
5
5

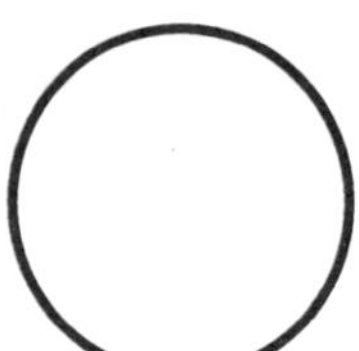

BASTÃO ATLANTE

Michael Smith há mais de 20 anos trabalha com artefatos à base de cristal, desenvolvidos por antigas civilizações. Dentre eles, está o Bastão Atlante.

O Bastão Atlante despertou interesse devido os seus efeitos curativos em pessoas, animais e plantas.

Ele é composto basicamente de um tubo de cobre com um cristal de quartzo em uma de suas extremidades e uma tampinha de cobre na outra. O revestimento exterior é de couro ou courvim (Figs. 38-A, B e C).

O tubo de cobre atua como um acumulador de energia ou condutor, o couro é isolante e o cristal é o direcionador da energia focalizando os raios dessa energia, única coisa que nele se movimenta.

O seu grau de energia está em sintonia com o operador. Quando o operador focaliza o bastão, pela concentração mental da visualização, um raio branco-azulado de energia, começa a se irradiar na direção da ponta do cristal.

A energia deixa de ser passiva e toma a forma ativa, direcionando o raio de energia.

Também é necessário que o usuário se ligue, com pensamentos e visualizações positivas.

O campo de energia do Bastão Atlante é inofensivo e benéfico para a vida, o crescimento e a saúde.

O bastão é capaz de liberar grande quantidade de energia, focalizada a curtas ou longas distâncias e em curto tempo, dependendo da força e determinação do operador e o foco é controlado pelas suas projeções mentais.

A aplicação fundamental é o equilíbrio e a cura aplicada às pessoas, plantas, animais, alimentos, águas poluídas, etc.

O Bastão Atlante é simplesmente um instrumento acelerador ou gerador de raios (partículas sub-atômicas), sem qualquer conotação mágica ou espiritual.

Quando o seguramos, nosso campo biomagnético começa a atuar através dele. O operador pode facilmente efetuar transformações físicas e radicais.

São usados para aumentar os programas de pensamento positivo para a saúde, vendas, harmonia, produção de alimentos, crescimento de plantas, etc.

Já foi empregado com sucesso no tratamento de cistos no ovário, miomas, nódulos no seio, redução de problemas oculares, fraturas, etc.

Por tudo isso, ele se tornou um dos mais valiosos instrumentos no campo da saúde.

É importante saber de que ao utilizá-lo para cura, não pretendemos substituí-lo pelos cuidados médicos, mas sim, acelerar qualquer processo de cura.

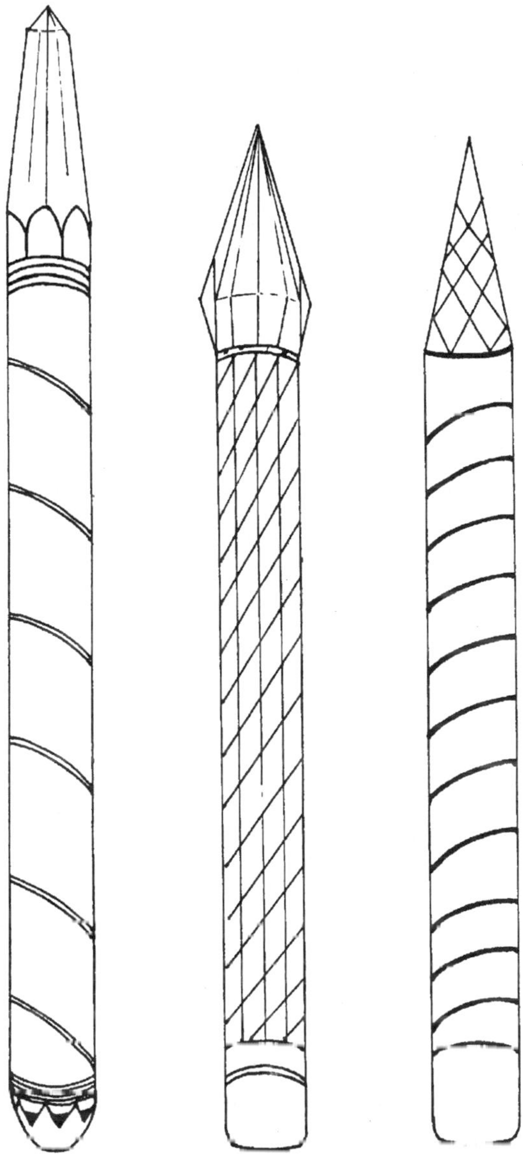

Figs. 38-A, B e C

CÍRCULO

É uma forma empregada em diversos gráficos. É o gráfico perfeito, devido à sua forma. Tem diversas qualidades e particularidades e uma delas, é que determinando-se um ponto, ali teremos uma determinada energia. Desse ponto traçando-se um diâmetro teremos do outro lado a energia diametralmente oposta (Fig. 39). Assim, se determinarmos, que esse lado é saúde, do outro lado será a doença. Quando queremos afastar uma pessoa de nossa casa, colocamos num ponto do círculo, o nosso endereço e diametralmente oposto, o testemunho da pessoa que não nos seja simpática. Ao contrário, se queremos atrair essa pessoa à nossa casa, superpomos o seu testemunho ao nosso endereço.

Para a Saúde:

Fazemos um círculo com um diâmetro norte-sul e colocamos o testemunho no centro do círculo. Pegamos o pêndulo e fazemos a seguinte indagação: - "Como está a minha saúde neste momento?"

Se o pêndulo fizer o movimento inclinado, formando um ângulo com o diâmetro norte-sul, esse ângulo é representativo de deficiência da saúde em nosso corpo.

No caso da pessoa que estiver tomando um remédio, este poderá ser colocado sobre o testemunho e fazer nova medição. Se o ângulo norte-sul diminuir, significa que o remédio está fazendo bem, mas que ainda não é o ideal.

O remédio certo é aquele que restabelece o movimento norte-sul, sem nenhuma angulação.

Caso aconteça do ângulo aumentar, significa que o remédio está fazendo mal em vez de fazer bem.

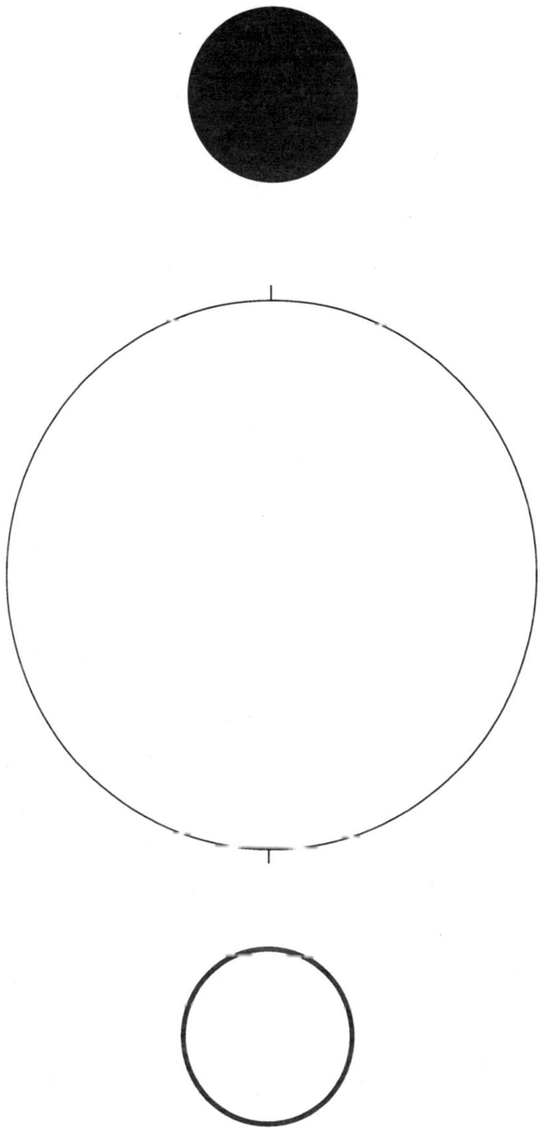

Fig. 39

GRÁFICO TELEINFLUENTE

Radiestesistas franceses descobriram que se pode produzir um desenho teleinfluente, que seja próprio para uma pessoa ou para a consecução de um objetivo, tal como corrigir um desvio de personalidade, um problema de saúde crônico, etc. (Fig. 40).

Existem dois métodos de procedimento:

1. Coloca-se a mão esquerda (antena) sobre um testemunho e um objetivo a ser alcançado e com a mão direita sobre uma folha de papel branco, segura-se o pêndulo e de acôrdo com suas tendências (movimentos pendulares) vai-se traçando um desenho, que será a forma teleinfluente.

2. Temos também um desenho (Fig.40) que poderíamos chamar de mestre. Constitui-se de um círculo cortado por vários diâmetros. Para utilizarmos este desenho, elege-se o raio central que se dirige para o Norte. Posicionamos o pêndulo no centro do círculo, e forçamos os seus movimentos do centro para a periferia. Em determinado momento o pêndulo fará um movimento lateral cortando o raio, então o radiestesista assinalará esse ponto e passará para o raio seguinte onde terá o mesmo procedimento. Assim fará sucessivamente até estarem todos os raios cortados.

O próximo passo será o de unir esses pontos, que formarão um desenho: Desenho Teleinfluente.

Poderemos também mandar confeccionar esse desenho em ouro, prata ou cobre, para usá-lo como proteção.

Este é um gráfico que o radiestesista tem que confeccionar num momento de grande tranquilidade, devendo até mesmo preparar-se psicologicamente, com banhos de limpeza e energização da aura e dos chackras.

Michel Moine* se reporta à descrição de uma experiência realizada por Jean Martial**, de como é possível que um "simples desenho" possa modificar uma pessoa. São suas palavras:

"Uma senhora pertencente a uma associação de radiestesia, da qual também sou membro, me pede que confeccione um desenho teleinfluente para seu filho de quinze anos de idade, o qual se encontra interno em um colégio religioso dos arredores. O garoto detesta o estudo: é distraído e isto lhe vale constantes reprimendas de seus mestres. Seus boletins mensais são deploráveis. Particularmente em ortografia, é uma nulidade. Suas notas oscilam entre 1 e 3 ... porque o seu professor repugna-lhe por-lhe um zero. As cartas que de vez em quando escreve à sua mãe são verdadeiros desastres, quanto à apresentação, à caligrafia ... e, naturalmente, à ortografia.

Eu tracei um desenho teleinfluente e o coloquei "em bateria" sobre a fotografia do garoto. Na semana seguinte volto a ver a mãe e esta me informa. Meu filho foi passar o fim de semana em casa, três a quatro dias depois de colocado sobre sua foto o desenho que havia

---

* Michel Moine, La Radiestesia la otra ciencia, Martinez Roca

** Jean Martial, La Radiesthésie et les énergies inconnues, Nouvelles, Éditions de L'Ermite.

efetuado na 2ª feira. Declarou o seguinte a sua mãe: "Não sei o que me passou na 3ª feira ... Durante todo o dia tive uma violenta dor de cabeça ... eu me sentia terrivelmente deprimido, há tal ponto que faltou pouco para escapar do colégio. No dia seguinte me encontrei melhor, e te asseguro que a partir de então me encontro muito a gosto em classe".

É evidente que o pequeno se achava totalmente ignorante da ação "teleinfluente" que eu lhe havia preparado.

A partir de então várias vezes, a mãe me tem mostrado com orgulho as cartas de seu filho, singelamente escritas e cuja ortografia, sem chegar a ser perfeita, era sem embargo muito superior a que empregava antes de sofrer a ação do desenho.

"Poderia citar outros numerosos exemplos da ação benéfica exercida pelos desenhos influentes".

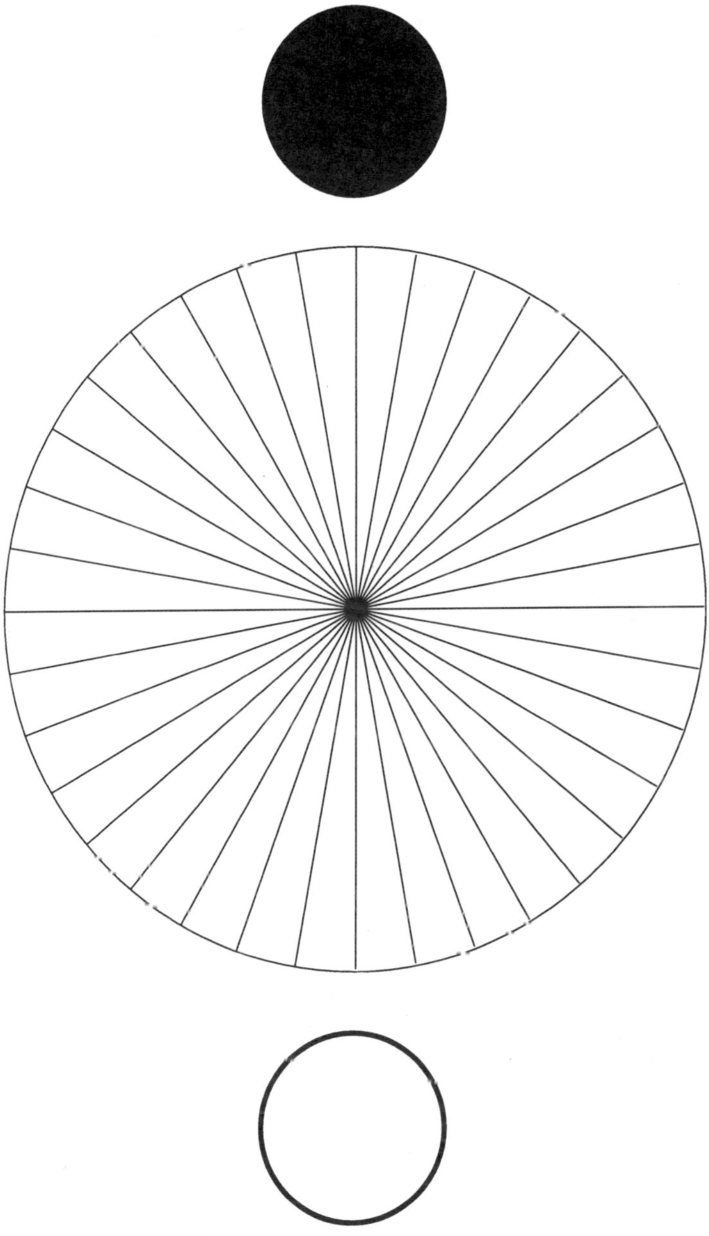

Fig. 40

DIAFRAGMA I

A utilização do Diafragma I é variada, talvez, a mais importante destas utilizações seja aquela que permite o corte de energias negativas.

Quando uma pessoa está com energia negativa ou muito nervosa, basta colocar seu testemunho (foto, cabelo) no centro do Diafragma e colocar também um quartzo rosa em cima do testemunho e a pessoa se tornará mais tranquila e sem a energia negativa de uma forma quase que imediata (Fig. 41).

Também quando se faz uso de pedras para pessoas que estejam negativas, as pedras ficam negativas, então o Diafragma será utilizado para limpá-las, bastando para isso, colocá-las por 10 minutos no centro do gráfico, não sendo necessário lavá-las com sal grosso.

Toda pessoa que ficar impregnada de energia negativa terá os seus objetos impregnados dessa mesma energia. Assim a noite, quando for deitar, deve colocar dentro do Diafragma, relógios, brincos, anéis, pulseiras, enfim os objetos que foram usados durante o dia, para que na manhã seguinte estejam limpos para serem usados novamente.

Utilizamos também o Difragma para outros fins, como para em conjunto com outros gráficos (figura humana, scap, cone de cobre) acelerar a regeneração dos tecidos, resolver problemas emocionais e desarmonias.

Até em animais experiências estão sendo realizadas com sucesso. Um cachorro, há mais de 1 ano estava com sérios problemas de pelagem, e os tratamentos ortodoxos feitos durante esse tempo não surtiram efeitos. Colocado um pouco do que havia sobrado do pelo, no

Diafragma e um pequeno cone de cobre, o cachorro em 1 mês, recuperou a pelagem, ficando completamente recuperado.

Diafragma I

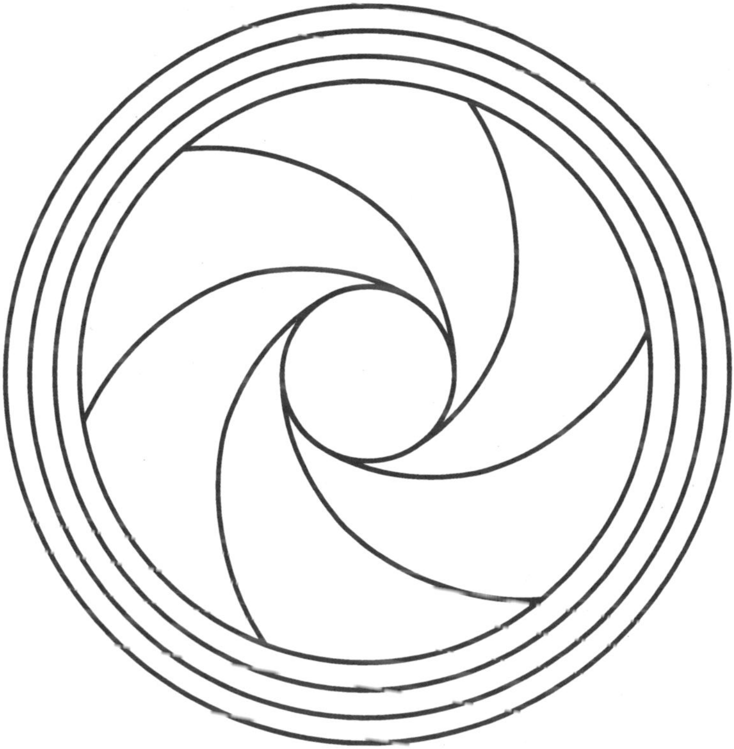

Fig. 41

Gráfico criado por Renato Guedes de Siqueira no ano de 1984.

DESIMPREGNADOR (FLECHAS)

Gráfico radiônico composto pelo decágono (limpeza), círculos (proteção e segurança) e flechas (lançam para fora a impregnação, formando um cinturão de defesa)(Fig. 42).

É utilizado para limpar testemunhos, objetos, pedras, etc., de remanênscias (energia que fica).

Para trabalharmos com o "Flechinhas", devemos em primeiro lugar tirar a energia negativa do testemunho, pedra, e até mesmo de um objetivo, no Diafragma I e depois é que usaremos o Flechinha para limparmos alguma remanênscia (impregnação) que tenha restado.

Colocamos o testemunho, a pedra, etc., no centro do gráfico e o testamos com o pêndulo. Se o movimento pendular for negativo é sinal de que existe impregnação. Nesse caso deixaremos por algum tempo o gráfico montado (perguntar quanto tempo ao pêndulo) até que numa nova medição o pêndulo gire positivamente.

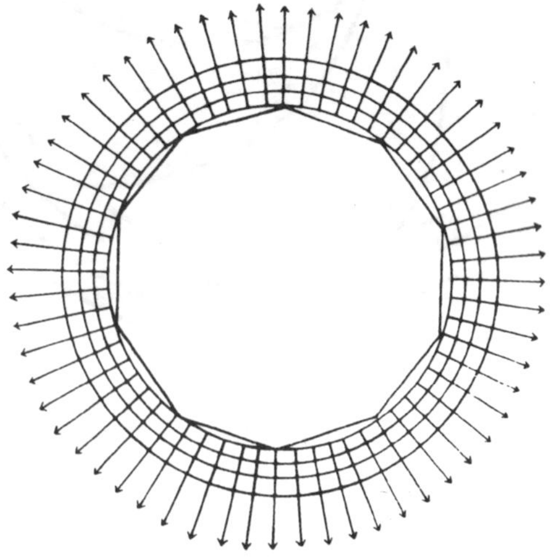

Fig. 42

ANDRÉ PHILIPPE

Símbolo compensador descoberto pelo pesquisador André Philippe, dotado de um considerável poder de compensação, podendo ser utilizado para proteção de pessoas expostas a irradiações elétricas (verde-negativo) para a água, a geladeira, o freezer, máquinas agrícolas, computadores, enfim com todo tipo de aparelho elétrico e eletrônico (Fig. 43).

É também um gráfico muito eficaz em tratamentos de alcoolismo, da seguinte forma:

Pegamos o diafragma I e colocamos em cima dele (centro) uma folha de couve e em cima dela o testemunho. A seguir sobrepomos o André Philippe, mais uma placa de chumbo e por último uma ametista.

Ao lado, também pode-se colocar o gráfico das Flechinhas com o testesmunho da pessoa que está sendo tratada.

Obs.: Este gráfico também é chamado de Scap, que é a abreviatura do seu nome (Símbolo Compensador André Philippe).

Fig. 43

DESENHO DE LUXOR

Um objeto foi encontrado há cerca de 60 anos no corpo de um grão-sacerdote egípcio, mumificado, no Vale dos Reis. Tratava-se de um anel com o poder de emitir energia. Ostentava na sua periferia um desenho que resultou ser benéfico, a tal ponto de ser atribuído a ele a proteção do arqueólogo Howard Carter o único que não teve morte prematura, dentre aqueles que penetraram no túmulo.

O desenho que vemos no gráfico aqui estampado tem o poder de minimizar a influência negativa do subsolo (Fig. 44).

O leitor deverá testá-lo, colocando-o nos pontos negativos e verificar que os mesmos ficarão positivos (Fig. 45).

Quando feito em papel comum há necessidade de trocá-lo regularmente, porque depois de um curto tempo, fica impregnado e não mais produzirá efeito.

Em seu livro "Les Maisons Qui Tuent", Roger De Lafforest, afirma que a eficácia do anel se manifesta em três campos: Proteção, Cura e Intuição.

Segundo pesquisas o anel Atlante tem influência sobre os órgãos internos na conformidade do dedo em que for usado. Verifique a seguir:

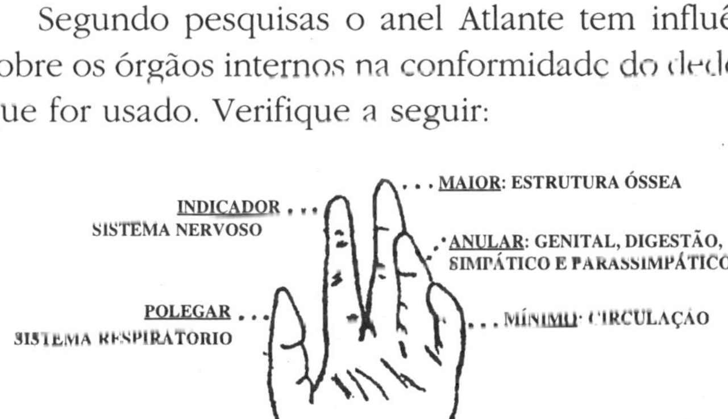

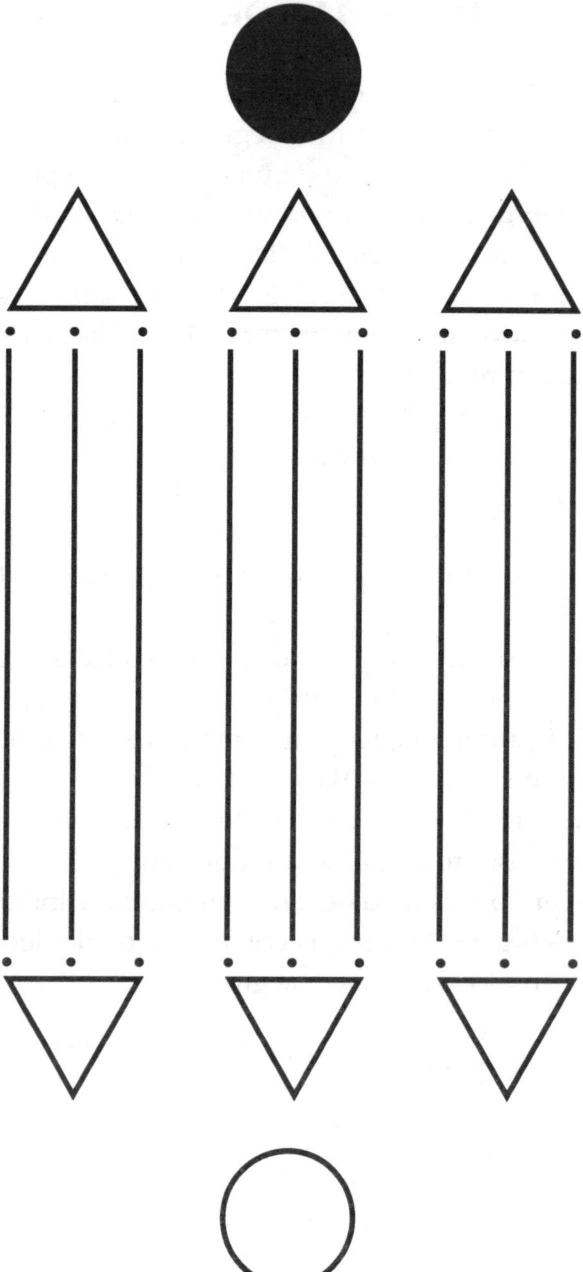

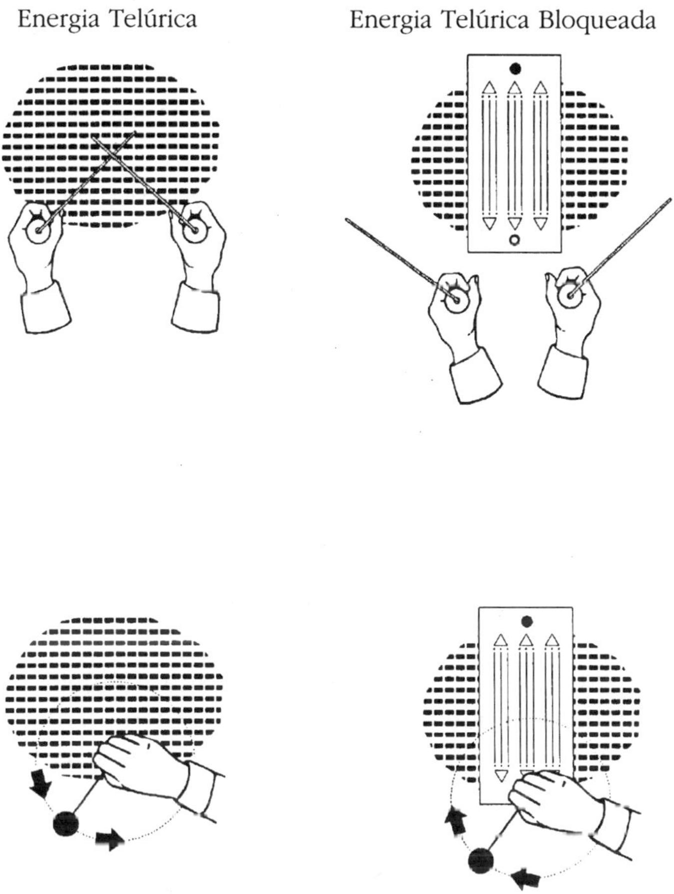

Fig. 45

ESCUDO (HEXÁGONO)

Segundo os irmãos Servranx este é um gráfico emissor de proteção. Atua nos seguintes campos:

Proteção Espiritual – energias intrusas e energias negativas de inveja, ciúme, etc.

Proteção da Saúde – ataques microbianos, viróticos, contágios, epidemias, etc. (Fig. 46).

Sua atuação se dá através do estímulo dos mecanismos (inconsciente) de autodefesa (consciente).

Coloca-se o testemunho no centro da cruz e deixa-se por 15 minutos o que equivale a 1 dia e meio de proteção.

Testemunhamos o seguinte caso:

Um casal viajou para Minas, na época das festas juninas e levou seu filho de 8 anos. Antes de partirem foram despedir-se de uma amiga radiestesista, esta intuitivamente resolveu colocar o testemunho do garoto no gráfico.

Ao retornarem da viagem relataram à amiga uma quase tragédia que ocorreu, quando o menino decidiu brincar com bombinhas de São João, até que acendeu uma delas, jogando-a dentro da garagem, onde estava guardado um galão de gasolina, o que provocou um incêndio. Assustado correu para apagar o fogo, antes que os pais chegassem em casa.

Estes, quando chegaram e se refizeram do susto, foram avaliar as conseqüências do ocorrido.

A garagem estava destruída e o garoto apenas *chamuscado,* por verdadeiro "milagre", devido às proporções do acidente.

Foi então que a amiga lembrou-se de dizer ao casal que o garoto estava na proteção do Escudo desde o dia da viagem.

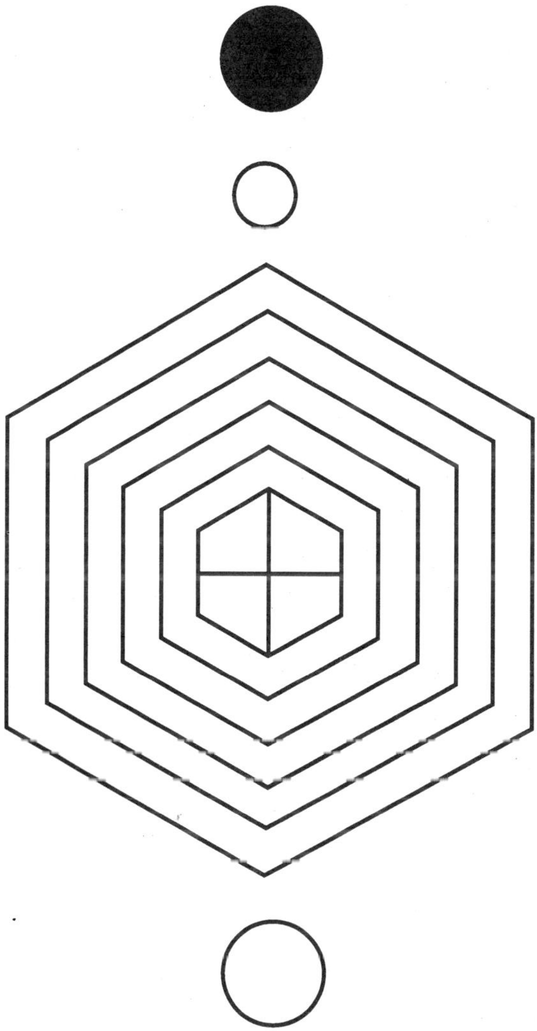

Fig. 46

NOVE CÍRCULOS

É usado para proteção.

Prepara-se o testemunho como já foi explicado anteriormente.

Este gráfico serve para qualquer tipo de proteção nossa e de outros. Também é usado para proteção de imóveis, automóveis, animais, etc. (Fig. 47).

Deve ser aplicado da seguinte forma: se nos sentirmos em perigo, com medo de alguém ou nos depararmos em alguma situação difícil, mentalizamos nove círculos de luz a nos envolver e proteger. Também devemos ter em casa, o gráfico montado com o nosso testemunho (nome, data de nascimento, foto ou cabelo).

Quando estamos no trânsito ou em viagens (carro, avião, etc.) devemos mentalizá-los em torno do veículo, pedindo proteção contra acidentes, atropelamentos, roubos, etc.

Para proteger o automóvel devemos preparar o testemunho como já foi explicado (nome do proprietário, marca do veículo, cor e chapa) e colocá-lo no centro do gráfico.

Para proteção de imóveis, devemos colocar no testemunho o nome do proprietário e o endereço da casa.

É aconselhável, para maior eficácia, mentalizarmos o que queremos e girar o pêndulo em cima dos nove círculos, emitindo o som ZZZZZZZ ... Isso irá acelerar a energização.

Fig. 47

DIAFRAGMA II

Gráfico idealizado na mesma época do Diafragma I, através de longos 12 anos, nos tem mostrado após inúmeras experiências que ele vem complementar o trabalho do seu anterior.

O Diafragma II é capaz de restaurar a energia em partes do corpo de uma pessoa e cujo uso independe de quem o usa, acreditando no seu efeito ou não (Fig. 48).

Além disso temos tido notícias de pessoas que se curaram de dores ciáticas e abdominais, que tiveram restaurada a circulação, etc.

A harmonização dos chackras encostando-o junto ao corpo nos pontos onde estão localizados os chackras é imediata.

Com esse objetivo confeccionamos o Diafragma II em tamanho menor que o Diafragma I, e também em placa com cobre para que possa ser usado diretamente no corpo.

Diafragma II

Fig. 48

Gráfico idealizado pelo autor em 1984.

HARMONIA

Gráfico emissor, formado por oito círculos (não contamos o central) e seis pétalas representando o movimento de circulação da vida, da sua transformação e regeneração através da cura holística (Fig. 49).

Promove a confraternização entre os seres, harmoniza interesses e afetos, pedidos para resolver problemas difíceis, pedir a inspiração, o equilíbrio, também dá proteção.

Trabalha-se com o Harmonia da seguinte maneira:

Num pedido individual, coloca-se o testemunho e o pedido no centro e nas pétalas podem-se colocar pedras de acordo com a indicação do pêndulo.

Para um trabalho de harmonização entre família ou entre amigos, colocamos nas pétalas o testemunho de cada pessoa que se deseja harmonizar. No centro do gráfico coloca-se o pedido com um cristal programado e sobre os testemunhos uma pedra (rodocrosita).

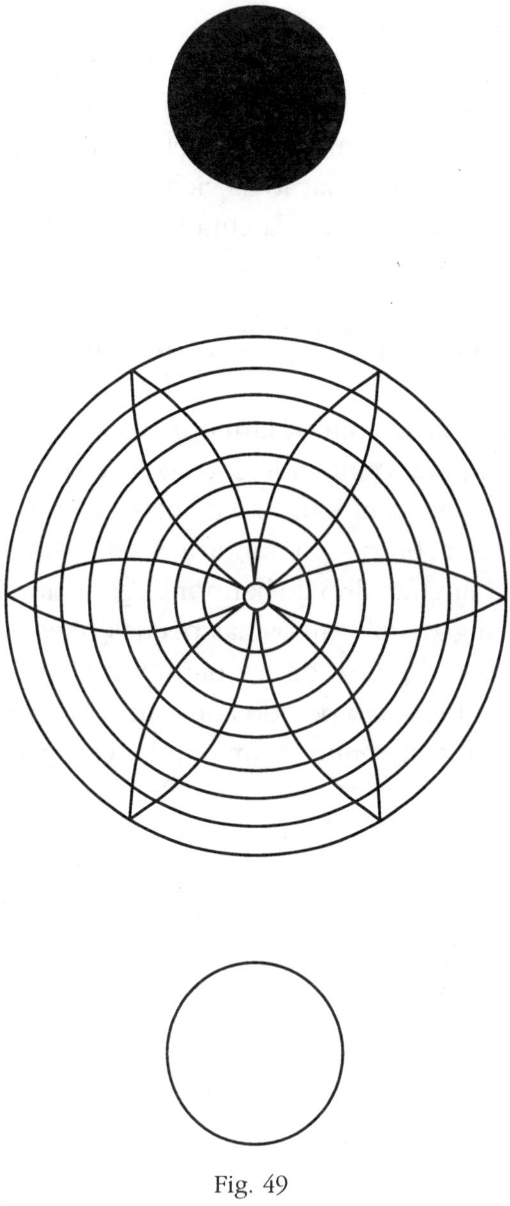

Fig. 49

Nota: Gráfico desenvolvido por Renato Guedes de Siqueira em 1985.

NOME MÍSTICO DE JESUS

Segundo explicação de Vassariah, o Nome Místico-Cabalístico de Jesus no centro do losango é o símbolo da evolução das forças e de sua dualidade (o que está em baixo é como o que está em cima e o que está em cima é como o que está em baixo, para realizar os milagres de uma só coisa).

É um poderoso pantáculo que atua energeticamente sobre formas pensamentos nocivas, expulsando as más vibrações ou influências do baixo astral (Fig. 50).

Emprega-se também nas práticas de desenvolvimento espiritual para visualizar durante 2 ou 3 minutos, depois fecha-se os olhos e faz-se a meditação.

Como gráfico atua como suporte e emissor, na transformação de pessoas com vícios, problemas de adolescência, desvios de personalidade e para proteção pessoal.

Como exemplo citamos o de uma casa de campo.

Foi colocado o Nome Místico na forma de adesivo nas portas interiores da casa. Certa ocasião a casa foi visitada por ladrões e estes não conseguiram arrombar as portas que estavam sob a proteção do Nome Místico, inclusive a da cozinha onde se encontravam os eletrodomésticos. Os ladrões só roubaram o que se encontrava na sala, onde não havia a proteção da figura do Nome Místico de Jesus.

Nome Místico de Jesus

"Atenção": Esta é a posição correta do gráfico.

Fig. 50

LOSANGO

Gráfico que também serve para problemas em geral tais como: saúde, trabalho, dinheiro, etc.

Ele atua através dos quatro losangos que fazem a emissão e do símbolo solar no centro que significa a força do aparelho (Fig. 51).

Para que sua função seja correta o losango deverá ser posicionado no sentido Norte-Sul, ou como os outros gráficos, estar num campo artificial de forma.

Trabalha-se com ele no mesmo sistema empregado em outros aparelhos, colocando-se no centro o objetivo (pedido), o testemunho e o remédio nos casos de saúde.

Obs.: Nos casos de saúde, deve-ser pedir no objetivo a cura principal da doença.

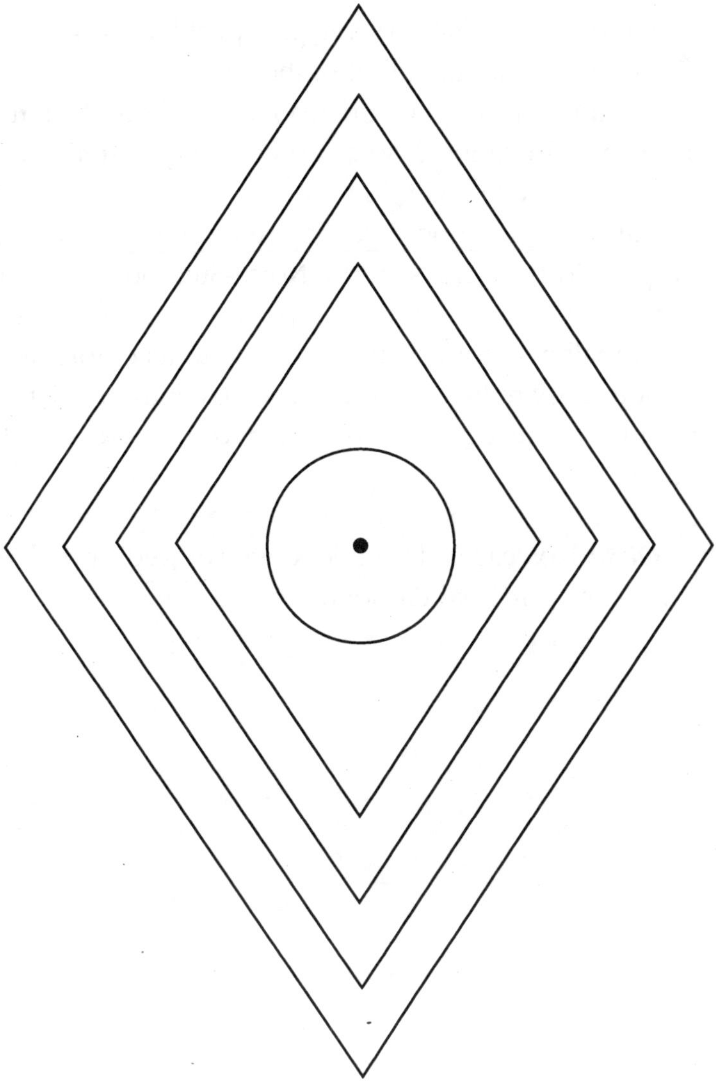

Fig. 51

TURBILHÃO

Este gráfico tem a facilidade de não ser necessário colocá-lo na posição Norte-Sul.

É utilizado para a realização e agilização de objetivos materiais: sucesso nos negócios, prosperidade, emprego, compras e vendas. Também é indicado para problemas de saúde (Fig. 52).

Trabalhamos com o Turbilhão da seguinte forma:

– colocamos o objetivo (já potencializado no decágono) no centro do turbilhão

– em cima do objetivo colocamos o testemunho

– no caso de saúde, podemos colocar sobre eles o nome do remédio, ou o número do remédio

– nos pedidos materiais, podemos colocar pedras, metais, etc.

– para uma melhor sintonização pode-se usar um cristal e a sintonia fina (vide item da Sintonia Fina).

O turbilhão também responde eficazmente quando usado em conjunto com o símbolo do Sol, nos casos materiais (Fig. 53).

Montagem do trabalho:

objetivo (pedido) + o testemunho + a pedra do sol ou um pedacinho de ouro. Reforçamos o pedido fazendo girações horárias com o pêndulo, após ter sido montado o gráfico.

Este gráfico deve ser montado num domingo,mas não na lua minguante.

Turbilhão

Fig. 52

Turbilhão com o símbolo do Sol

Fig 53

TRÍGONO

Gráfico formado por um decágono (potencializador de energia), um turbilhão (força desenvolvida para penetrar as camadas do inconsciente) e os nove círculos (protetor de energias sutis) (Fig. 54).

Utilizamos o Trígono para pedidos de saúde, prosperidade, proteção nos negócios, proteção para viagens e para eliminar dores.

Em casos de proteção em viagens devemos colocá-lo dentro da bagagem, encostado na parte interna das malas.

Já nos casos de eliminar dores colocá-lo na cama, embaixo do lençol, na direção onde se localiza a dor.

Nos trabalhos normais, colocamos o pedido no centro do Trígono, em cima colocamos o testemunho e por último se for necessário o nome do remédio, uma pedra, uma cor, o número da cura, um cone, etc.

Fig. 54*

GUEDES

É também chamado de triturador, pois seu formato nos faz lembrar das hélices de aparelhos elétricos, cuja função é a de moer e picar (Fig. 55).

Fizemos esta comparação porque ele tem a capacidade de triturar e dissolver as células doentes, problemas alérgicos e eliminar dores.

* Gráfico idealizado pelo autor em 1984

Também abre os chackras equilibrando-os devido à velocidade do seu movimento rotatório.

Na área emocional ele funciona como um equilibrador, pois dissolve mágoas, irritações, nervosismo, etc.

Utiliza-se o gráfico colocando o objetivo e o testemunho no centro, como já foi explicado anteriormente.

Em seguida, pergunta-se ao pêndulo se há a necessidade de serem usados aromas, pedras ou até mesmo ervas.

Fig. 55A*

GUEDES II (ET)

Ao contrário do gráfico Guedes I, este não atua como triturador, mas sim para realizar e agilizar um objetivo. Nos casos materiais, serve para a realização de vendas difíceis, para serviços autônomos, contratos empregatícios.

---

* Gráfico idealizado pelo autor em 1984

Atua também em casos de atração de energias sutis de luz para os corpos etérico e físico rapidamente.

Utilizamos o Guedes II da mesma forma que os outros, ou seja, colocando o objetivo e o testemunho no centro, não sendo necessário colocá-lo na posição N/S.

Fig. 55B*

ESTRELA (PENTAGRAMA)

Dentre as figuras e símbolos cabalísticos, o Pentagrama é um dos mais poderosos.

A estrela de 5 pontas, com o nome de Jesus Cristo em hebraico vem sendo utilizada desde a antiguidade para afastar o mal dos espíritos. É um símbolo sagrado pelo arquétipo que está relacionado com o microcrosmos ou o homem infinito, o homem perfeito. Colocada com uma ponta para cima, é usada nas operações de magia branca (Fig. 56).

* Gráfico idealizado pelo autor em 1984

Forma de uso:

A funcionabilidade é variável, pois a direção das pontas pode mudar o caráter da operação. A estrela com o Shin direcionada para o:

Norte: altamente positiva, além de que, dissolve a negatividade e dá proteção.
Sul: faz aumentar a força.
Leste: usada para quebra de magia.
Oeste: usada para limpeza.

O testemunho da pessoa pode ser colocado no meio da estrela e a determinação precisa da direção da ponta, devendo ser prospectada com o pêndulo.

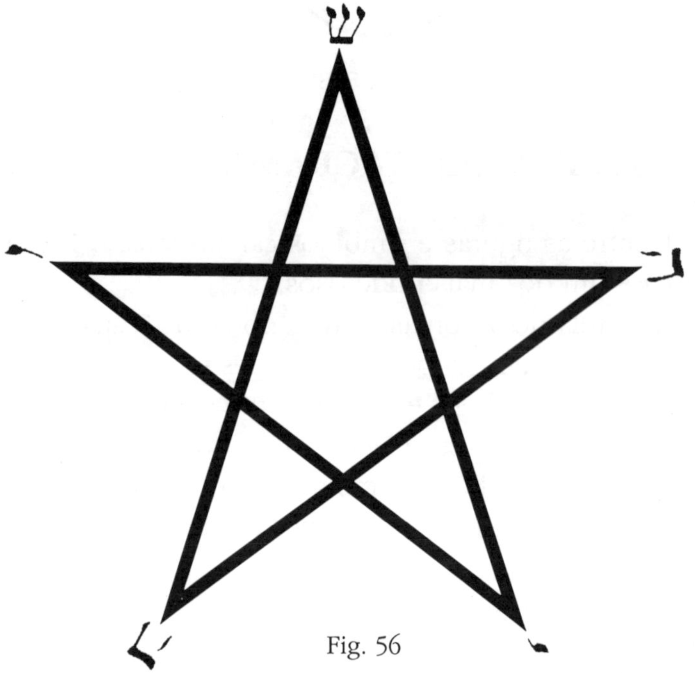

Fig. 56

TRIÂNGULO DIVINO

Figura composta por vinte círculos e um triângulo, o que lhe confere a propriedade especial de indução ao estado Alfa, quando fixamos o olhar em seu centro. Por essa razão é indicado para a meditação, para a introspeção, para um encontro do homem e o seu interior (Fig. 57).

Também o utilizamos para desfazer situações complicadas.

Trabalhamos com ele voltado para o Norte ou conforme indicação do pêndulo.

O testemunho é colocado no centro junto com o objetivo, pedras, etc.

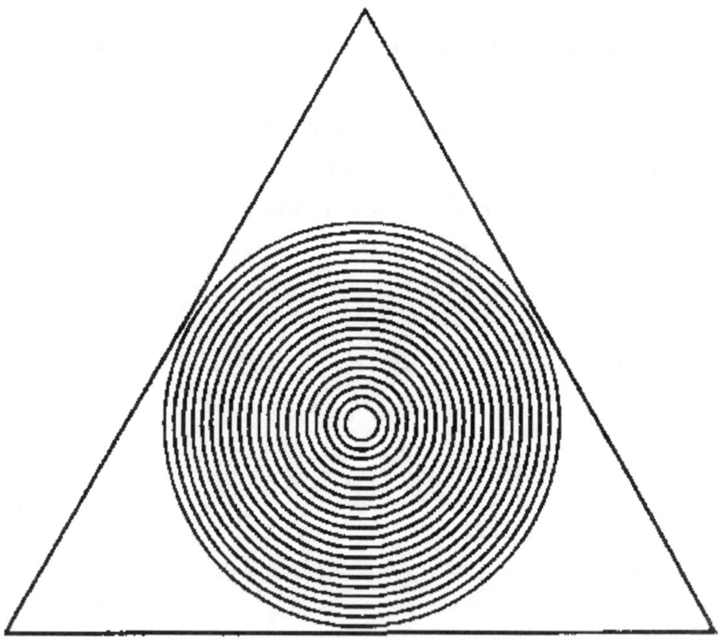

Fig. 57

Nota: Gráfico idealizado pelo autor em 1984

POTENCIALIZAÇÃO EM NÚMEROS

Normalmente trata-se uma doença ou um órgão utilizando-se o seu nome. Por exemplo, distúrbios do fígado ou hepatite de fulano de tal. Entretanto, se transformarmos o órgão ou a doença em um número correspondente, teremos uma maior sintonia e maior possibilidade de êxito (Fig. 58).

Os números como que potencializam o nosso objetivo e evitam a intromissão de pensamentos deletérios de pessoas curiosas, que perturbam a concepção de um desideratum.

O curioso ao tentar descobrir o que o radiestesista está fazendo não conseguirá entender, pois, irá deparar apenas com números que para ele nada significam.

Como usar o gráfico (Fig.58):

Usamos o gráfico, colocando-se o nome do órgão e o testemunho no meio do círculo central e com o pêndulo, pergunta-se quantos dígitos terá o número correspondente ao órgão. A resposta será verificada no espectro inferior do gráfico.

Como o número terá dois números inteiros e o restante será fracionário, perguntamos então ao pêndulo qual o algarismo da dezena localizada no espectro superior. Os demais números serão verificados no espectro inferior.

Esta é uma convenção que pode ser mudada pelo praticante.

Encontrado o número, o anotamos num papel branco redondo e o colocamos para potencializar no próprio gráfico, antes de utilizá-lo no gráfico definitivo, ou seja, o escolhido para tratarmos aquele órgão.

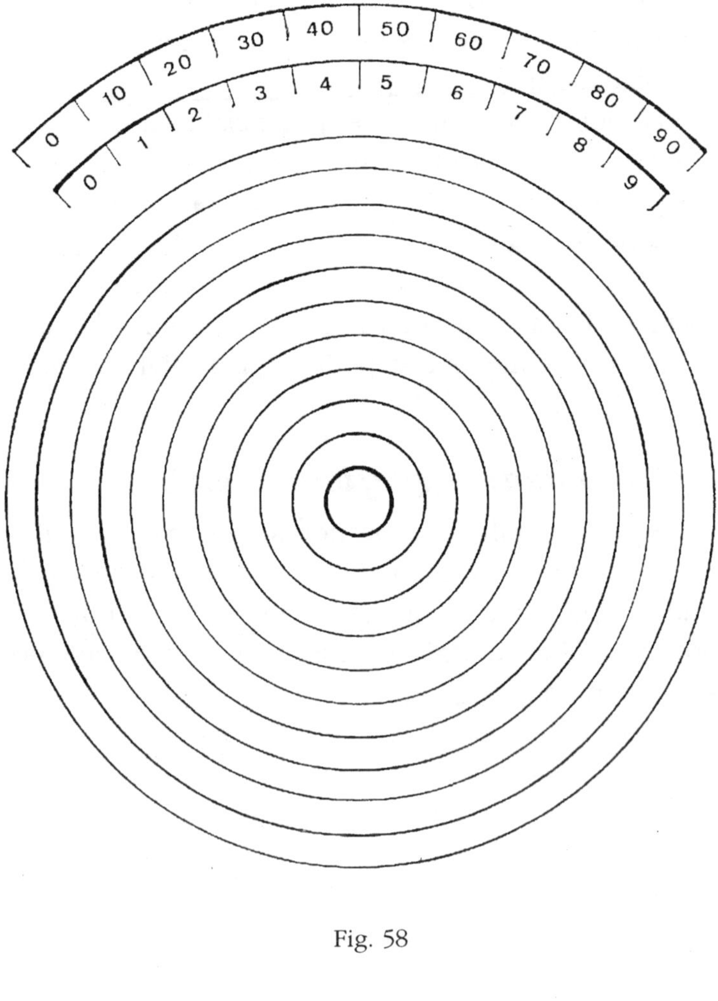

Fig. 58

O mesmo procedimento será feito, quando se tratar de uma doença.

Além do número da doença podemos também encontrar o número complementar (curativo).

Subtraimos zero do número encontrado para a doença. Por exemplo:

Admitamos que 28.35 é o número para a doença, logo, o número complementar será encontrado da seguinte forma:

00.00
-28.35 nº da doença
71.65 nº complementar (curativo)

MAPAS DOS SISTEMAS

Sistema nervoso central 34943
Sistema nervoso autônomo. 795
Visual .3
Auditivo 928
Respiratório 327872
Endócrino 689842
Cardiovascular 254974
Sanguíneo 409
Digestivo 3222
Fígado 596
Linfático 5327
Células 5152

Genital masculino 737894
Genital feminino 237894
Urinário 337762
Muscular 458782
Tecidos 4393
Pele 101
Esqueleto 69846

CRUZ ANSATA

A Cruz Ansata apresentada neste livro é um aparelho radiônico de grande potência, por ser composta de um círculo, uma pilha cósmica e um decágono.

A função do círculo é a de inverter a energia do pedido.

A pilha cósmica funcionará como um amplificador de energia.

O decágono tem a propriedade de potencializar essa mesma energia.

Vejamos como trabalhar com a Cruz Ansata usando como exemplo uma dor de cabeça.

1. Pegamos o testemunho e o colocamos no decágono por 20 minutos.

2. Preparamos, então, o pedido num círculo de papel branco, escrito a lápis, na forma inversa do nosso objetivo: "dor de cabeça", ou ainda podemos exagerar "muita dor de cabeça". Após, colocamos o pedido dentro de um decágono por também 20 minutos.

3. Passado o tempo do testemunho e do pedido, vamos posicioná-los no gráfico, da seguinte forma:

– pedido acima do círculo da cruz
– testemunho no centro do décagono

Após o trabalho estar montado no gráfico, o círculo estará emitindo a energia contrária à dor de cabeça que será amplificada pela pilha cósmica e potencializada pelo decágono, emitindo uma freqüência de cura. Vide Fig. 59 demonstrativa.

Observações:

1. A Cruz Ansata deve ser sempre posicionada N/S ou estar colocada num campo artificial de forma, como mostra a figura demonstrativa.
2. Também pode ser usada para outros fins, tais como: vendas de imóveis, de carros, aumento de freguesia em estabelecimentos comerciais, reverter uma situação desfavorável, etc.

Vamos exemplificar o pedido da venda de um imóvel:

– Qual é o pedido?
– O pedido deve constar de "preço injusto, documentação irregular, falta de compradores, corretores incompetentes e desonestos".

Colocando o pedido acima do círculo superior da Cruz Ansata, essa energia será transmitida para o oposto, ou seja: "preço justo, documentação regular, muitos compradores, corretores competentes e honestos".

Tal energia será ampliada pela Pilha Cósmica para dentro do decágono, onde estará o testemunho, que será nesse caso, o endereço do imóvel, sua numeração no registro de imóveis, o nome do proprietário, tudo isso num papel redondo e colocado antes num decágono para potencializar.

Contamos a seguinte história:

Uma pessoa boníssima tinha a sogra morando em sua casa e interferindo negativamente em seu casamento. Por essa razão, nosso amigo chegou a alugar uma casa próximo à sua com todo conforto, para a sua sogra, mas ela não queria se mudar. Seu desespero chegou a tal ponto, que até pensou em tomar uma atitude drástica.

Condoído de sua sorte, um amigo que conhecia o trabalho radiônico fez um pedido na Cruz Ansata, três dias depois de montado o gráfico a sogra estava se mudando espontaneamente para a casa alugada pelo genro.

Relatamos ainda um outro fato ocorrido:

Temos uma casa no litoral de São Paulo, que alugamos para temporada.

Há 5 anos, durante a temporada das férias de verão (época das chuvas), como de hábito nossa casa estava alugada.

Naqueles dias choveu demais, provocando uma tromba d'água em vários pontos do litoral norte. Foi quando nossos inquilinos nos ligaram em São Paulo, apavorados, pois o nível das águas subia rapidamente nas ruas, inclusive na nossa.

Minha esposa imediatamente colocou nossa casa no gráfico da Cruz Ansata da seguinte forma:

No lugar do objetivo colocou o problema com os dizeres: água invadindo a casa, destruindo móveis e objetos. Como testemunho apenas o endereço da casa.

No dia seguinte os inquilinos tornaram a nos ligar perguntando o que havíamos feito, pois eles não entendiam por que entrou água nas casas vizinhas e na nossa não, uma vez que os terrenos estão todos no mesmo nível.

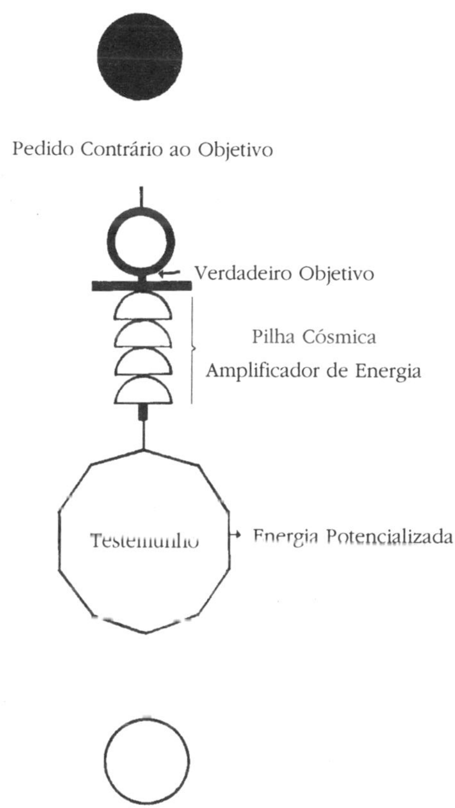

Fig. 59

FIGURA HUMANA

Gráfico emissor, caracterizado pela forma humana. Ao colocarmos um testemunho dentro dele, estamos personalizando-o. A figura masculina e a figura feminina simbolizam o equilíbrio de polaridades opostas. Ao trabalharmos com a mulher, não tiramos o homem, pois um estará equilibrando o outro e o mesmo se dá em relação ao trabalho com o homem (Fig. 60).

Procedimento:

Em primeiro lugar, posicionamos o gráfico no sentido norte-sul, caso ele não esteja num campo artificial de forma.

Em segundo lugar, colocamos o testemunho na cabeça do homem ou da mulher, conforme quem esteja sendo tratado.

Em seguida pode-se trabalhar com o Bastão Atlante, com a intenção de equilibrar a pessoa e movimentar o bastão como se estivéssemos fazendo na própria pessoa. Por exemplo: ao utilizarmos o Bastão, imaginamos a projeção de um raio laser branco azulado, saindo da ponta do Bastão e energizando toda a volta do corpo. Depois fazemos a energização de todos os chackras e teremos a pessoa plenamente energizada.

Podemos também nos auto-energizar, porém tomando o cuidado de eliminar todas as energias negativas, tocando o corpo com um quartzo rosa, uma pedra rolada de rio ou o diafragma. Quando uma pessoa está negativa, com sua aura desequilibrada, o que ela fizer, não funcionará, como já tivemos a oportunidade de acentuar anteriormente.

Exemplo: se a pessoa está com o chackra do plexo solar fechado, sem funcionar, deve agir da seguinte forma: coloca o testemunho na cabeça da mulher (se for do sexo feminino) ou do homem (se for do sexo masculino) e em seguida coloca um cone, sobre o plexo solar e isto é o bastante para a energia voltar.

O que foi feito, tem um "fading", havendo portanto, a necessidade de se restaurar a energia do gráfico, desativando-o e reativando-o, depois de um certo tempo, que será indicado pelo pêndulo. Pode-se também provocar girações do pêndulo sobre o gráfico e ele voltará a funcionar normalmente.

Neste gráfico, também é aconselhável colocar, além do testemunho, o pedido de cura do fígado, por exemplo, escrito a lápis num papel circular branco e colocado sobre a região do plexo solar ou da região do fígado. Pode-se colocar também um cone, uma pedra, um cristal, uma cor, um remédio, etc.

Outro exemplo: se a pessoa está com uma fratura na perna. Energiza-se a região com o Bastão Atlante, e a seguir coloca-se um papel com o pedido de cura (objetivo) e sobre este o cone de cobre ou de cristal.

Acupuntura com o Pêndulo:

Pega-se uma figura humana que tenha os meridianos. Coloca-se nela o testemunho desimpregnado e utilizando-se um fio de cobre para apontar os pontos (Nadis) do meridiano. Com a mão direita, força-se as girações do pêndulo e deixa-se que ele gire até parar sozinho. Dessa forma está feita a energização.

Gráfico também usado para atuar sobre o temperamento, campo emocional alterado e desvios de personalidade.

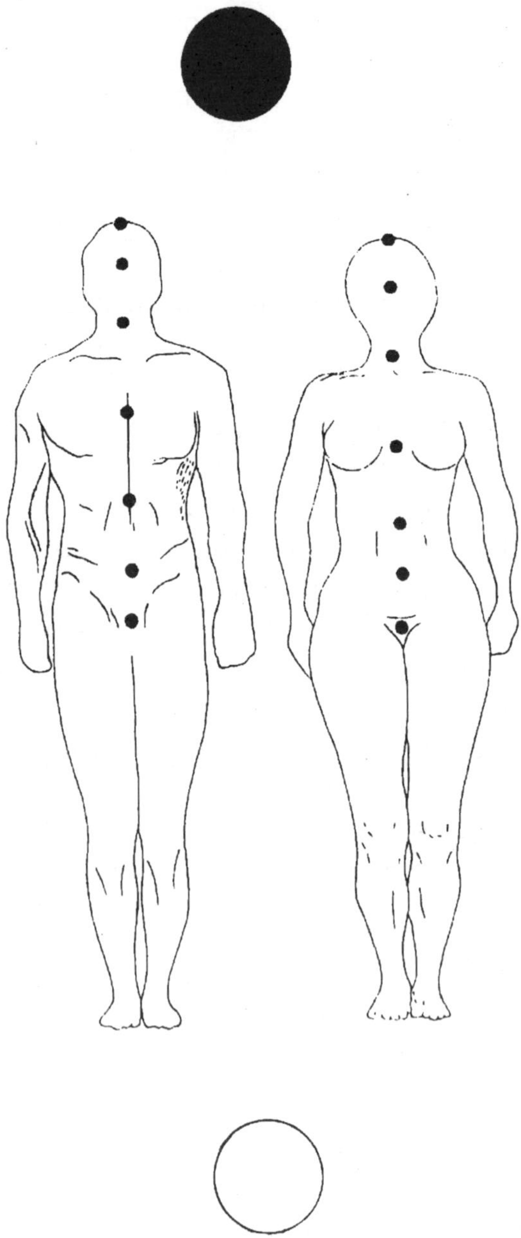

Fig. 60

COLUNA

O gráfico da Coluna é trabalhado da seguinte forma:

Após colocarmos o testemunho no local da cabeça, procura-se a vértebra ou vértebras afetadas e para tratá-las podemos utilizar inclusive um pedacinho de ouro no local, energizar com o Bastão Atlante, equilibrar com geradores ou também colocar sobre o local um cone de cobre.

Damos a seguir um quadro onde o leitor irá obter orientação e funções da coluna vertebral (Fig. 61).

Quadro dos Efeitos do Desalinhamento Espinhal

O sistema nervoso controla e coordena todos os órgãos e estruturas do corpo humano (Anatomia Gray 29Ed., pág. 4). O desalinhamento de vértebras e discos na espinha pode causar irritação ao sistema nervoso e afetar as estruturas, órgãos e funções que podem resultar nas condições indicadas abaixo:

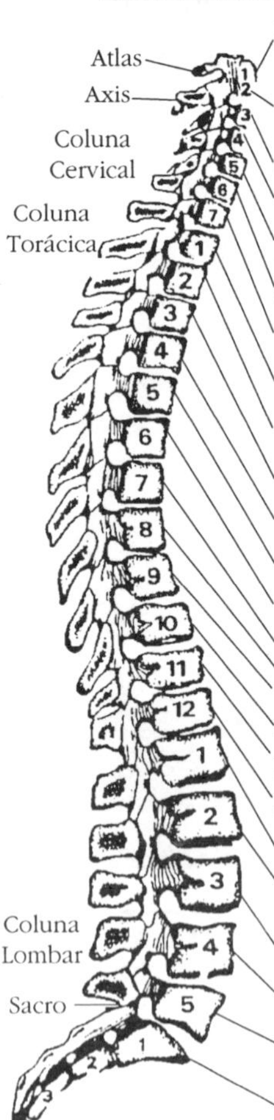

VÉRTEBRAS	ÁREAS	EFEITOS
1C	Fornecimento de sangue para a cabeça, glândulas pituitárias, couro cabeludo, ossos da face, cérebro, ouvido interno e médio, sistema nervoso simpático.	Dores de cabeça, nervosismo, insônia, resfriados, hipertensão arterial, enxaquecas, esgotamento nervoso, amnésia, cansaço crônico, vertigens.
2C	Olhos, nervos ópticos, nervos auditivos, sinus, ossos mastóides, língua, porção anterior da cabeça.	Problemas sinusais, alergias, estrabismo, surdez, problemas visuais, dores de ouvido, desmaios periódicos, casos de cegueira.
3C	Bochechas, ouvido externo, ossos da face, dentes, nervo trifacial.	Nevralgia, neurites, acne ou espinhas, eczema.
4C	Nariz, lábios, boca, tubo Eustachiano.	Febre do feno, secreções, perda de audição, adenóides.
5C	Cordas vocais, glândulas do pescoço, faringe.	Laringite, rouquidão, condições relacionadas com a garganta, com dores ou amigdalite.
6C	Músculos do pescoço, ombros e tonsilas.	Rigidez do pescoço, dor na porção superior do braço, amigdalites, coqueluche e crupe.
7C	Glândula tireóide, bolsas da região dos ombros, cotovelos.	Bursites, resfriados, condições da tireóide.
1T	Porção do braço abaixo do cotovelo, incluindo mãos, punhos e dedos, esôfago, traquéia.	Asma, resfriados, dificuldades respiratórias, respiração superficial, dores na região inferior dos braços e mãos.
2T	Coração, incluindo válvulas e envoltório, artérias coronárias.	Condições funcionais do coração, determinadas condições do tórax, dor na região superior das costas.
3T	Pulmões, brônquios, pleura, tórax, peito.	Bronquites, pleurites, pneumonia, congestão, influenza.
4T	Vesícula biliar, ducto biliar comum.	Condições da vesícula biliar, icterícia, herps zoster.
5T	Fígado, plexo solar, circulação sangüínea.	Condições do fígado, febre, hipertensão arterial, anemia, circulação deficiente, artrites.
6T	Estômago.	Problemas gástricos, incluindo nervoso, indigestão, pirose, dispepsia.
7T	Pâncreas, duodeno.	Úlceras, gastrites.
8T	Baço, diafragma.	Soluços, baixa resistência.
9T	Glândula adrenal e suprarenal.	Alergias, urticárias.
10T	Rins	Problemas renais, rigidez das artérias, cansaço crônico, nefrites, pielites.
11T	Rim, ureter.	Condições da pele como acne, espinhas, eczemas, furúnculos.
12T	Intestino delgado, circulação linfática.	Reumatismo, acúmulo de gases, certos casos de esterilidade.
1L	Intestino grosso, anéis inguinais.	Constipação, colites, disinteria, diarréia, alguns casos de ruptura ou hérnia.
2L	Apêndice, abdomen, região superior das pernas.	Câimbras, dificuldade respiratória, acidose, veias varicosas.
3L	Órgãos sexuais, útero, bexiga, joelhos.	Problemas vesicais e menstruais como dor ou períodos irregulares, corrimento, nictúria, impotência, muitas das dores no joelho.
4L	Próstata, músculos da região lombar, nervo ciático.	Ciática, lumbago, dificuldade, dor ou aumento da freqüência urinára, dores nas costas.
5L	Porção inferior das pernas, tornozelos, pés.	Circulação deficiente nas pernas, inchação dos tornozelos, fragilidade ou tornozelos arqueados, pernas frias, fragilidade das pernas, câimbras.
Sacro	Ossos do quadril, nádegas.	Condições do sacro ilíaco, curvaturas espinhais.
Coccix	Reto, ânus.	Hemorróidas, prurites, dores na região terminal da espinha quando sentado.

Fig. 61

ESQUELETO

Trabalhamos com o gráfico do esqueleto da mesma forma que o fazemos com a Figura Humana (Fig. 62).

Após posicionarmos o gráfico no sentido N-S, colocamos o testemunho na cabeça do esqueleto e com um grafite (mão esquerda), vamos sondando os ossos e observando o movimento do pêndulo (mão direita) que acusará a região afetada, quando movimentar-se no sentido anti-horário (-).

Terminada esta etapa podemos usar para o tratamento o cone, o Bastão Atlante, pedras, ervas, metais, cristal de quartzo, remédio fabricado (no decágono) ou a cor indicada para aquele problema.

Com o desenho do esqueleto trabalhamos mais especificamente em casos de fraturas e problemas localizados nos ossos.

Exemplo:

No caso de um fêmur afetado, este poderá ser tratado da maneira acima descrita, acrescentando-se um pedido de cura, devidamente potencializado no decágono, e em seguida colocado sobre a área atingida.

Em casos de fraturas, aconselhamos o uso do Bastão Atlante, que é de grande utilidade na agilização do processo da consolidação óssea.

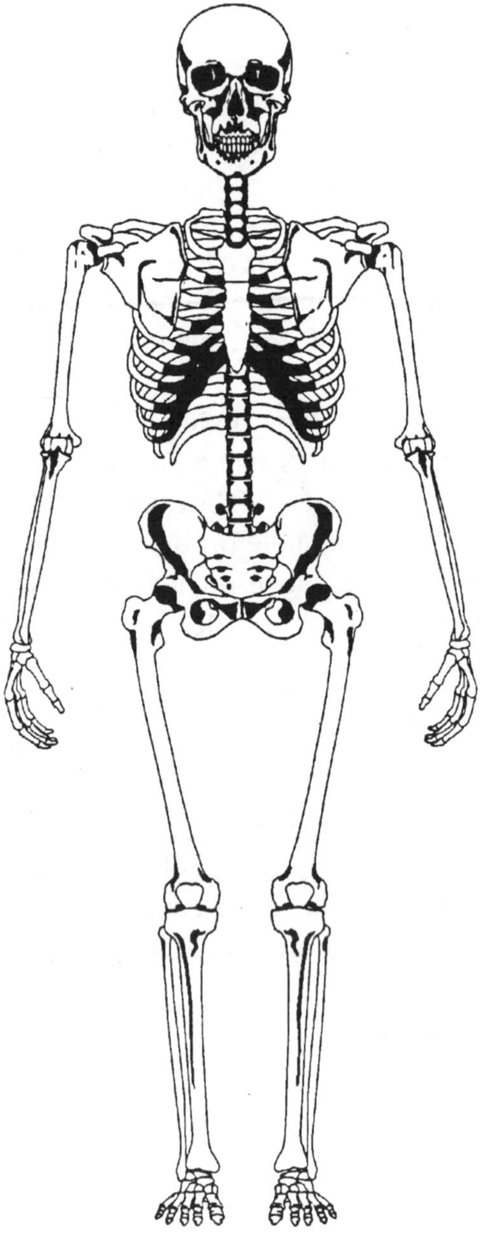

Fig. 62

GRÁFICOS PARA CONSULTA

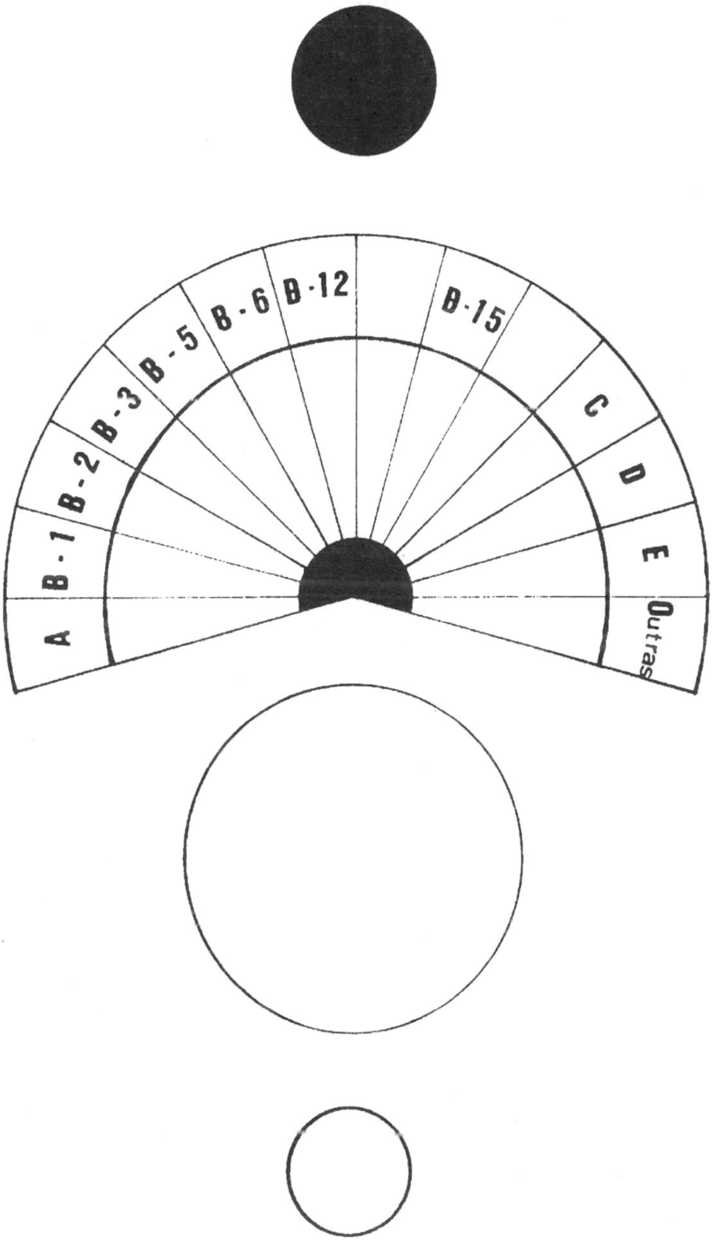
A
B-1
B-2
B-3
B-5
B-6
B-12
B-15
C
D
E
Outras

Quadro de Análise Vitamínica

VITAMINAS	ATIVIDADE NO ORGANISMO	FONTES
A (caroteno)	Tônico da visão, eczema, psoríase, úlceras gástricas, vitalidade da retina e dos tímpanos, auxilia no crescimento, dá resistência aos micróbios.	Fígado de boi, manteiga, gema de ovo, cenoura, espinafre, salsa, agrião, pimentão, almeirão, batata-doce, abóbora, queijos, óleo de fígado de bacalhau.
B1 (tiamina)	Aumenta a capacidade mental, repelente de insetes, indigestão, equilibra o sistema nervoso, estimula o apetite, nevralgia do trigêmeo, paralisia facial, ciática, boa para o coração, fígado e rins.	Carne de porco, carne de boi, fígado, aves, amendoim, soja, ervilha, mandioca, trigo, pão integral, arroz integral, espinafre, aveia, agrião, alface, pimentão, almeirão.
B2 (riboflavina)	Auxiliar do crescimento, no equilíbrio da nutrição, atua nas mucosas, lábios, cantos dos olhos, aumenta o apetite.	Fígado de boi, leite e derivados, peixe, ovos, lêvedo de cerveja, soja, uva, germe de trigo, leguminosas, vegetais de folhas verdes, farelo de trigo, carne.
B3 (niacina, niacinamida) PP	Dá cor a pele, aproveitamento orgânico das proteínas, aumento do ácido clorídrico, acelera o crescimento e a formação dos glóbulos vermelhos, atua no sistema nervoso e circulatório.	Levêdo de cerveja, arroz integral, carnes, feijão, folhas de mate, pimentão, soja, trigo, pão integral, fígado, aves.
B5 (ácido pantotênico)	Produz anticorpos, auxiliar da cicatrização, reduz efeitos tóxicos de antibióticos, fundamental para as glândulas supra-renais.	Carnes em geral, aves, trigo, pão integral, arroz integral, frutas secas, doces de cana.
B6 (piroxodina)	Diurético, espasmos musculares, câimbras, síndrome TPM, depressão, vômitos e náuseas matinais, anemias, asma brônquica, alergias da pele.	Farelo de trigo, germe de trigo, flocos de aveia, nozes, carnes, peixe gorduroso, arroz integral, batatas, hortaliças em raízes, ovos, frutas secas, amendoim, melão.
B12 (cianocobalamina)	Aumenta a energia, previne a anemia, melhora a memória, melancolia, cansaço, fadiga muscular, neurite, melhora o apetite, fornece energia extra.	Carnes, peixe, aves, ovos, queijos, leite, iogurte, fígado de porco, rim de porco.
B15 (ácido pangâmico)	Acelera a recuperação do cansaço, amplia o tempo de vida da célula, baixa o colesterol, alivia sintomas de angina e asma, estimula a imunologia, protege contra os poluentes, protege o fígado da cirrose, neutraliza o desejo de tomar bebidas alcoólicas, impede ressacas.	Levêdo de cerveja, arroz integral, grãos integrais, semente de abóbora, semente de gergelim.
C (ácido ascórbico)	Aumenta a resistência aos micróbios e às infecções, auxilia no crescimento, regeneração e equilíbrio do sangue, previne e cura gripes, alergias, stress.	Brotos de soja, salsa, couve, pimentão, goiaba, brócolis, cebolinha, limão, couve-flor, repolho, agrião, mostarda, morango, laranja, maçã, abacate, banana, manga, abacaxi, uva, carnes, peixe, leite de vaca.
D (calciferol)	Formação de ossos e dentes, antiraquítica, osteoporose, artrite reumatóide.	Óleo de fígado de bacalhau, salmão defumado, cavalinha, sardinha, atum, ovos, leite de vaca e derivados.
E (tocoferol)	Anticoagulante, regeneração da pele, equilíbrio muscular e nervoso, glândulas reprodutoras, lactação, estimula a circulação, protege contra varizes e tromboses, age como diurético, melhora a ação da insulina.	Óleos vegetais, camarões, gema de ovo, arroz interal, ervilhas frescas, vagem, fígado, tomate, aipo, maçã, banana, morango, laranja, cenoura, alface, cebola, pão integral.

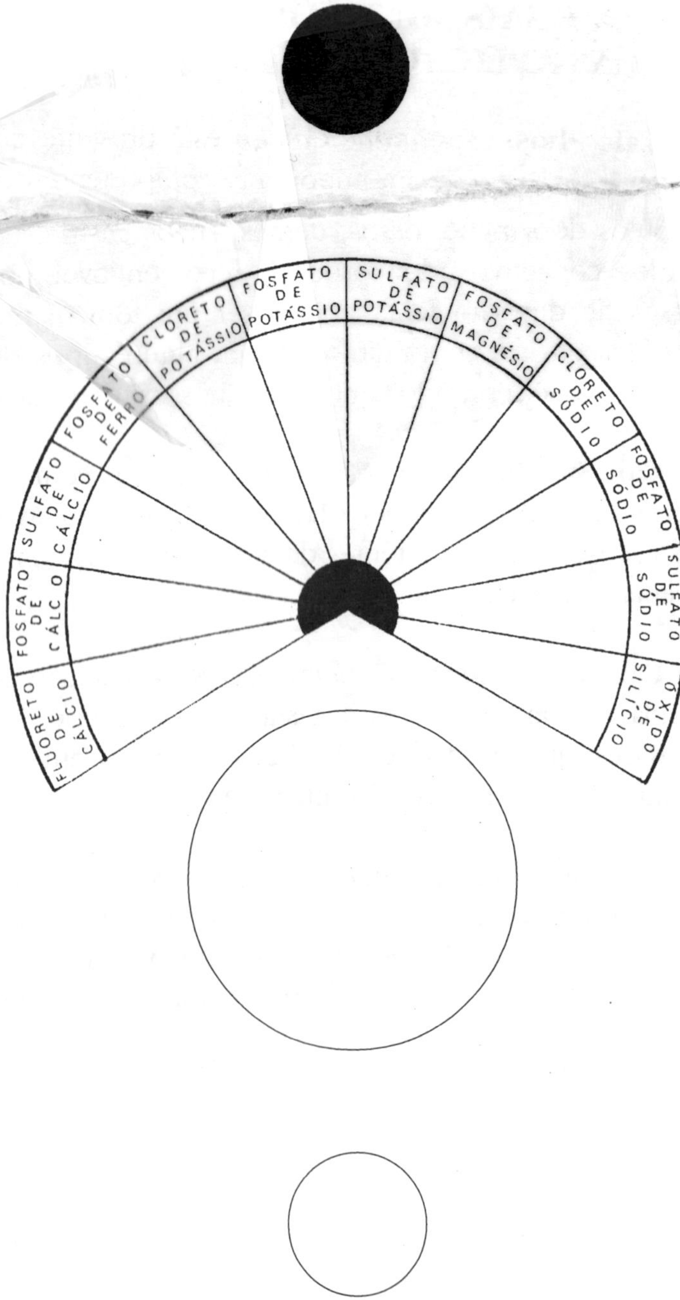
FLUORETO DE CÁLCIO
FOSFATO DE CÁLCIO
SULFATO DE CÁLCIO
FOSFATO DE FERRO
CLORETO DE POTÁSSIO
FOSFATO DE POTÁSSIO
SULFATO DE POTÁSSIO
FOSFATO DE MAGNÉSIO
CLORETO DE SÓDIO
FOSFATO DE SÓDIO
SULFATO DE SÓDIO
ÓXIDO DE SILÍCIO

DOZE SAIS MINERAIS E SUAS APLICAÇÕES

Calc Phos. (*Fosfato de Cálcio*) está presente em todo o corpo, sendo um importante componente dos glóbulos do sangue, ossos, dentes, sucos gástricos e tecidos conectivos do corpo. É recomendável nos cassos de digestão lenta e, por ser um tônico, nas convalescências, como também para alguns tipos de anemia. Deve ser usado também para ossos fraturados.

Calc Sulph. (*Sulfato de Cálcio*) é um dos componentes do sangue e da pele. É portanto recomendável nos casos graves e renitentes de supuração, tais como úlceras, abcessos e catarros violentos.

Calf Fluor. (*Fluoreto de Cálcio*) é especialmente recomendável para as doenças que atacam a superfície dos ossos, o esmalte dos dentes e as fibras elásticas, particulamente os músculos e as paredes das artérias e veias.

Ferr Phos. (*Fosfato de Ferro*) é um dos componentes dos glóbulos vermelhos do sangue, sendo por conseguinte um dos medicamentos imprescindíveis para os casos de anemia e carência de ferro orgânico no sangue. Também fortalece as paredes das veias sangüíneas. É o remédio certo para as febres intensas e as primeiras etapas da inflamação e os ferimentos súbitos ou sensações de frio que podem redundar em febre latejante, etc.

Kali Mur. (*Cloreto de Potássio*) deve ser usado sempre que se verificar uma camada espessa de cor

branca ou cinza recobrindo a língua, uma vez que a deficiência deste sal acarreta uma superabundância de albuminas nos tecidos, resultando em catarro ou muco. É recomendável para os casos de crupe, desinteria, bronquite, pneumonia, difteria, etc.

Kali Phos. (*Fosfato de Potássio*) é indispensável para a cura do tecido nervoso, devendo por conseguinte ser ministrado nos casos de depleção cerebral e nervosa que redundam em estados de neurastenia, ansiedade excessiva, exaustão e depressão nervosa. Tais estados podem ser manifestar mediante os sintomas de vertigem, excessiva sensibilidade ao barulho, desinteria, etc.

Kali Sulph. (*Sulfato de Potássio*) supre de oxigênio as glândulas da pele, sendo portanto recomendável para algumas doenças da pele, já que contribui para abrir os poros e, assim, ativar a circulação. Aquelas doenças da pele que se fazem acompanhar de secreções amareladas e viscosas indicam a falta deste sal. Recomendável também quando os cabelos ou a pele apresentam uma oleosidade excessiva ou a língua apresenta uma camada amarelada e viscosa.

Mag Phos. (*Fosfato de Magnésio*) é indispensável para todas as dores cruciantes e espasmódicas tais como nevralgias, cólicas e dores menstruais. O Alívio, na maioria dos casos, é praticamente imediato, supreendendo os que nunca haviam usado antes esta substância. Atua também como fortificante das fibras brancas e dos nervos motores.

Nat Mur. (*Cloreto de Sódio*) é agente da distribuição de água para todo o sistema, sendo portanto recomendável nos casos de coriza e sintomas de catarro aquoso. Ajuda também a conter o fluxo involuntário de lágrimas ou saliva.

Nat Phos. (*Fosfato de Sódio*) atua no sentido de dissolver o ácido láctico e, assim liberar água para o sistema. Indicado para os estados de fermentação gástrica, acidez e vômito acre, gravela, reumatismos gotosos, etc.

Nat Sulph (*Sulfato de Sódio*) regula a água do sistema. É indicado para os problemas de bílis, icterícia, dor de cabeça biliosa, disfunções renais, diabete e também quando a língua apresenta uma camada esverdeada, turva e pardacenta.

Silicea (*Óxido de Silício*) é um dos componentes das bainhas dos nervos e da cobertura dos ossos, como também dos cabelos, das unhas e da pele. Provoca supuração e, portanto, ajuda o organismo a livrar-se de substâncias nocivas. Deve ser usado quando existe catarro muito espesso, debilidade ou transpiração excessiva, principalmente nos pés.

(Excerto de "Dimensões da Radiônica, de David V. Tansley, pgs. 183/5)

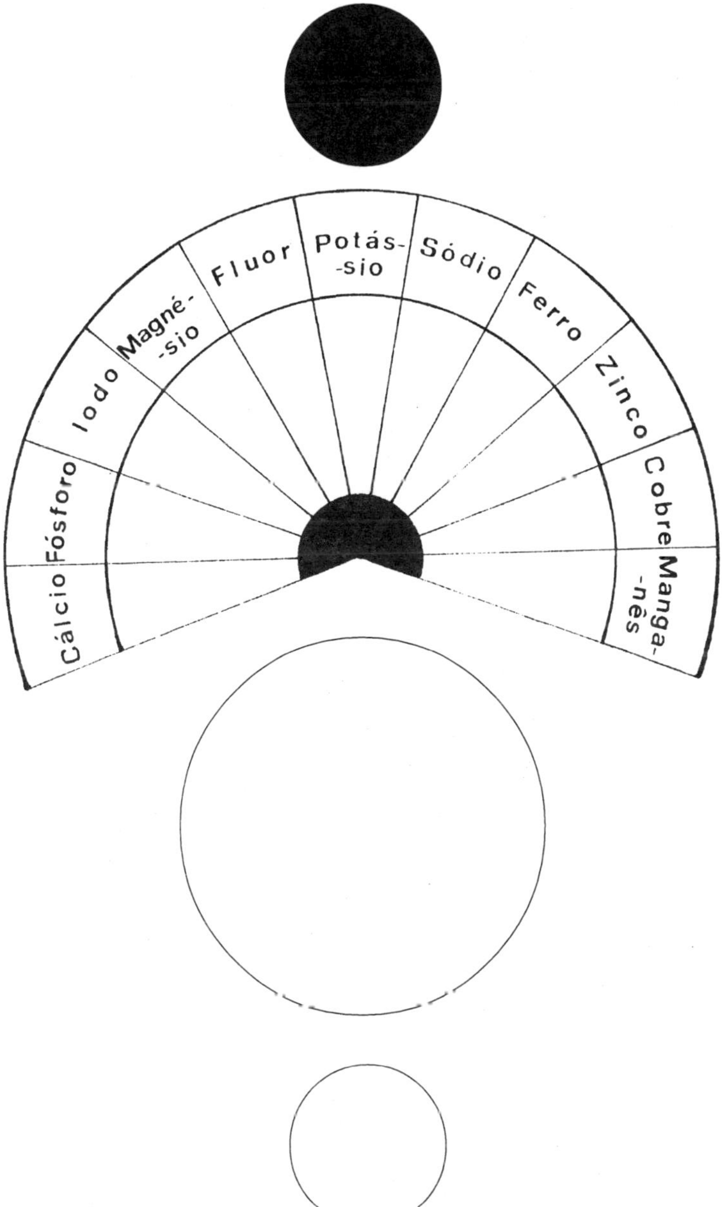

Cálcio
Fósforo
Iodo
Magné-
-sio
Fluor
Potás-
-sio
Sódio
Ferro
Zinco
Cobre
Manga-
-nês

Quadro de análise mineral e química dos elementos

Sal Mineral Essencial	Atividade no Organismo	Fontes
Ca (cálcio) – encontrado e necessário no sistema estrutural. Mineral dos ossos e dentes (T.A.O.)	Constutor de tônus e dos ossos. Dá vitalidade e resistência, cura machucados, antagoniza ácidos.	Leite, queijo, gema crua, abricó, côco, figo seco, amêndoa, trigo, repolho, espinafre, cenoura, alho, alface, cebola, tâmara, farelo, topo de vegetal, aipo, couve, laranja, framboesa, morango, ameixa.
Cl (cloro) – encontrado e necessário para o sistema digestivo e excretor (T.)	Purificador. Elimina resíduos, refresca, purifica, desinfeta.	Leite de cabra e vaca, sal, peixe, queijo, côco, beterraba, rabanete, trigo, feijão, noz, amêndoa, cereja, pera, laranja, pêssego, pão integral.
Cu (cobre) – encontrado no sistema nervoso central e fígado.	Ajuda a absorção de Fe, síntese de hemoglobina, baixa de mielina nos nervos, metabolismo do ácido escórbico.	Frutos do mar, melado, oleaginosas (nozes, etc), legumes, cereais integrais, laranja.
FL (fluor) – encontrado e necessário no sistema estrutural. Esmalte dos dentes (T.)	Resistência às doenças e embelezador. Fortifica tendões e ossos.	Couve-flor, repolho, queijo, leite de cabra, gema crua, óleo de fígado de bacalhau, couve, tomate, espinafre, agrião, uva.
I (iodo) – encontrado e necessário para o sistema nervoso e glândulas. Mineral para o cérebreo (A.O.)	Normaliza o metabolismo. Previne o bócio. Normaliza a ação das glândulas e células. Elimina e contra-ataca os venenos.	Algas, alface marinha, frutos do mar, cenoura, pêra, cebola, tomate, abacaxi, casca de batata, óleo de fígado de bacalhau, alho, agrião, óleo de açafroa.
Fe (ferro) – encontrado no sangue. Armazenado no fígado (O.A.)	Essencial para transporte de oxigênio no sangue. Promove a vitalidade e ambição. Previne anemia.	Todos vegetais verdes, amora preta, cereja preta, clara, fígado, ostra, casca de batata, trigo integral, gema de ovo, peixe.
Mg (magnésio) – encontrado e necessário para o sistema digestivo. Mineral para nervos. Laxativo (A.T.)	Promove a constipação de novas células. Relaxa. Refresca o sistema. Previne e alivia a constipação e auto-intoxicação, cura o stress.	Gaprefruit, laranja, cevada, milho, trigo, côco, leite de cabra, gema crua, nozes, espinafre, banana, agrião, ervilha, aipo, rabanete, couve, abóbora, pera, maçã, morango, ameixa.

Continua

Continuação

Mn (manganês) – encontrado e necessário para o sistema nervoso. Tonificador dos tecidos. Mineral da memória (A.)	Controla os nervos. Aumenta a resistência. Coordena pensamento e ação. Ativa a memória, regula a glicose no sangue.	Gema crua, amêndoas, nozes, agrião, menta, salsinha, espinafre, beterraba, couve, cevada, pão integral, arroz integral.
P (fósforo) – encontrado e necessário para o sistema nervoso. Mineral para o cérebro e ossos (T.A.)	Fortalecedor dos ossos e nervos. Nutre o cérebro e nervos. Ativa o poder do pensamento. Estimula o crescimento de cabelos e ossos.	Frutos do mar, leite, gema crua, espinafre, trigo, cevada, milho, nozes, ervilhas, leguminosas, salsa, abóbora, cenoura, banana, morango, melancia, abacaxi, laranja, uva, figo seco, ameixa, batata, rabanete, agrião, melão.
K (potássio) – encontrado e necessário para o sistema digestivo. mineral dos tecidos e secreção (A.)	Agente curador. Ativador do fígado. Fortemente alcalino. Torna os tecidos elásticos, músculos flexíveis, promove boa disposição, graça e beleza.	Casca de batata, coentro, sálvia, agrião, azeitona, uva, salsinha, almeirão, pêssego, ameixa, côco, lentilha, batata doce, repolho, figo, amêndoa, alface.
S (silício) – encontrado e necessário para o sistema estrutural, unhas, pele, dentes e cabelo.	É o cirurgião do organismo. Promove boa audição, olhos brilhantes, dentes fortes, cabelos brilhantes. Tonifica o sistema e dá resistência.	Aveia, cevada, espinafre, aspargo, alface, tomate, repolho, figo, morango.
Na (sódio) – encontrado e necessário para o sistema digestivo, glândulas, ligamentos e sangue.	Mantenedor da juventude. Ajuda a digestão. Contra-ataca acidose. Cessa a fermentação. Purifica o sangue.	Quiabo, aipo, cenoura, beterraba, pepino, vagem, aspargo, nabo, morango, aveia, queijo, gema crua, côco, figo preto, feijão, trigo.
S (enxofre) – encontrado e necessário para o sistema nervoso. Mineral do cérebro e tecido (T.O.)	Purifica a ativa o organismo. Purifica e tonifica o sistema, intensifica sentimentos e emoções.	Repolho, couve-flor, cebola, aspargo, cenoura, camarão, castanha, mostarda, trigo, noz, cevada, pão integral, arroz integral, morango, pera.
Zn (zinco) – encontrado no fígado, músculos, ossos, orgaos, fluido seminal, insulina.	Metabolismo de enzima, ajuda digestão, cicatrização, resistência às infecções.	Pêssego, laranja, cevada, cenoura, germe de trigo, couve, alface, semente de girassol, frutos do mar, cogumelos, soja, carnes e aves, tomate.

T = destruído em altas temperaturas A = dissolve-se em água O = oxigená-se rapidamente

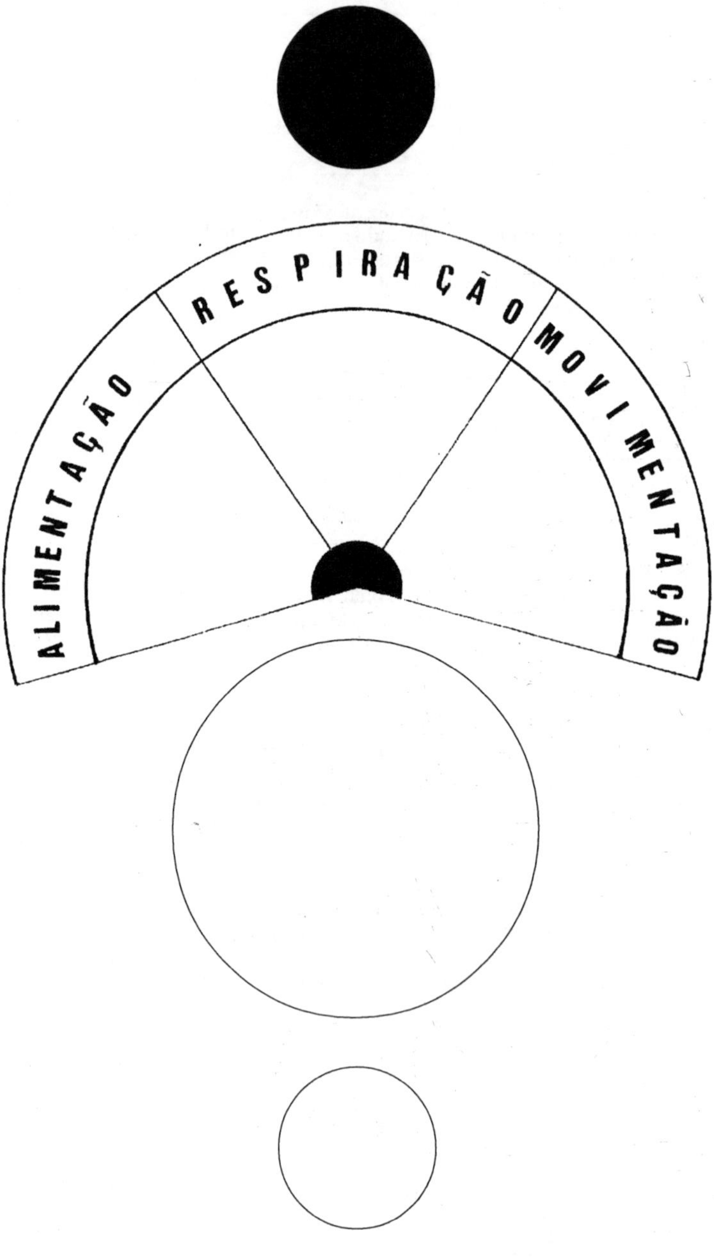
RESPIRAÇÃO
ALIMENTAÇÃO
MOVIMENTAÇÃO

Sistema Endócrino

Glândulas Endócrinas (de secreção interna)

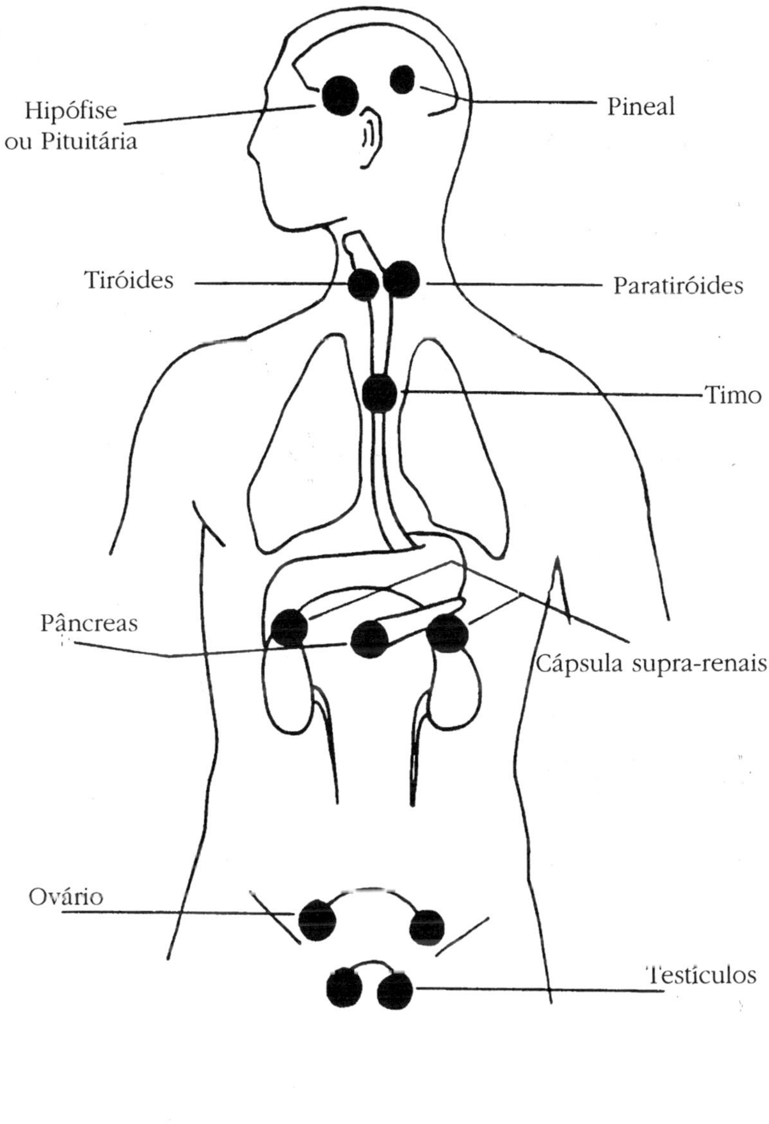

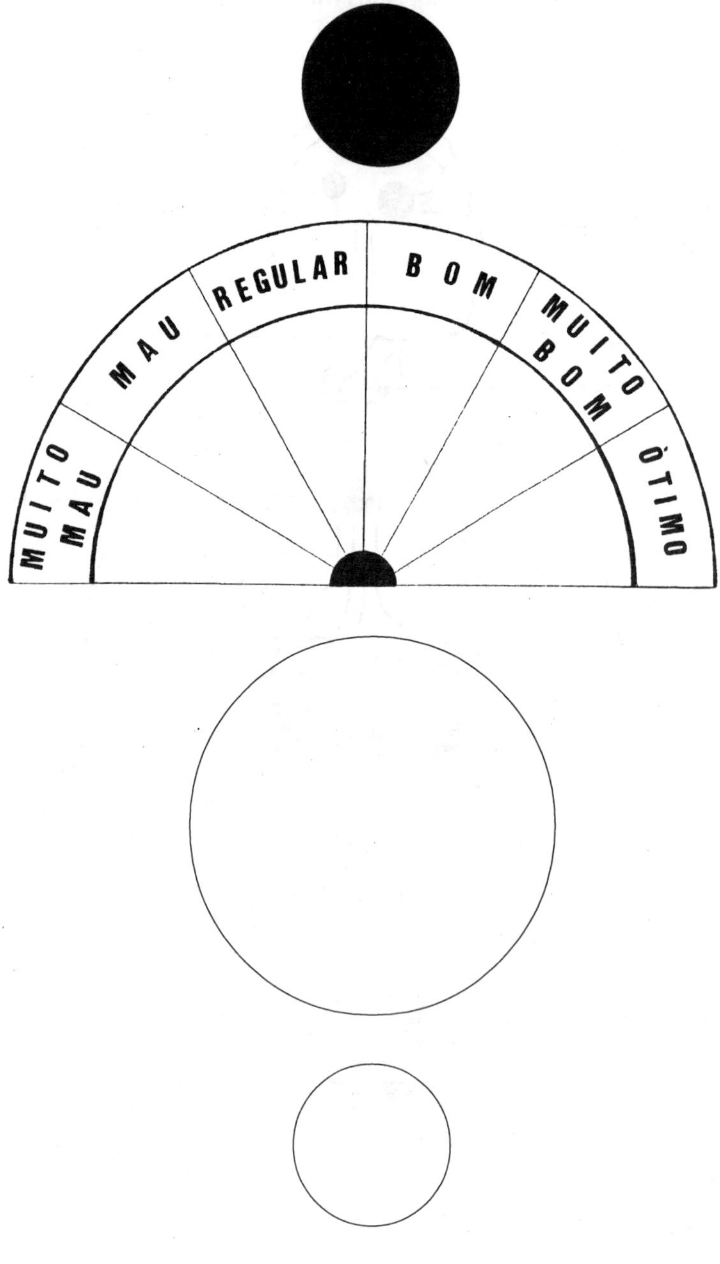
MUITO MAU
MAU
REGULAR
BOM
MUITO BOM
ÓTIMO

Colesterol

Adequado – até 200mg
Limítrofe – de 201 a 239mg
Elevado – acima de 240mg

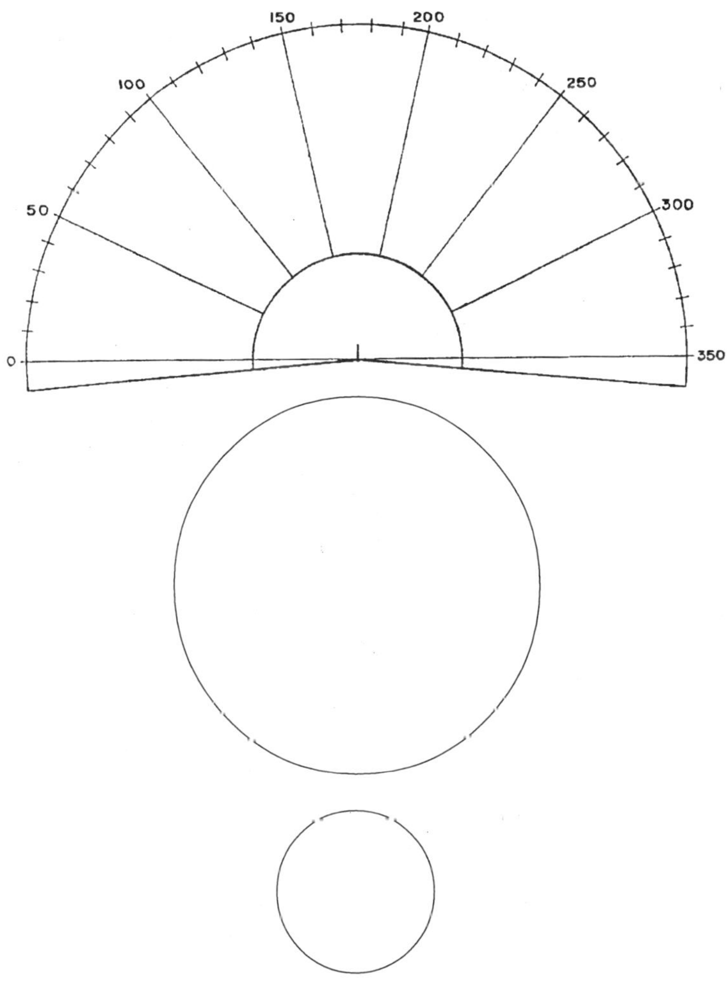

Triglicérides

Adultos com mais de 20 anos - até 200mg

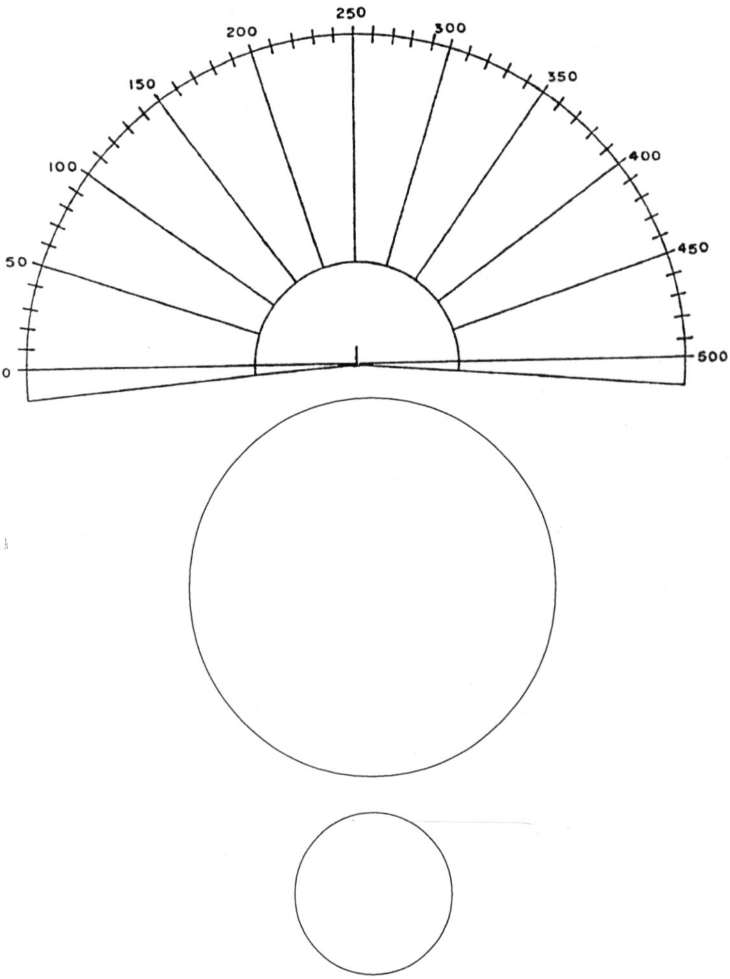

Glicemia I

Normal – de 70 a 110mg/dl
Gestantes Normal – próximo a 70mg/dl
Elevado – acima de 105 mg/dl

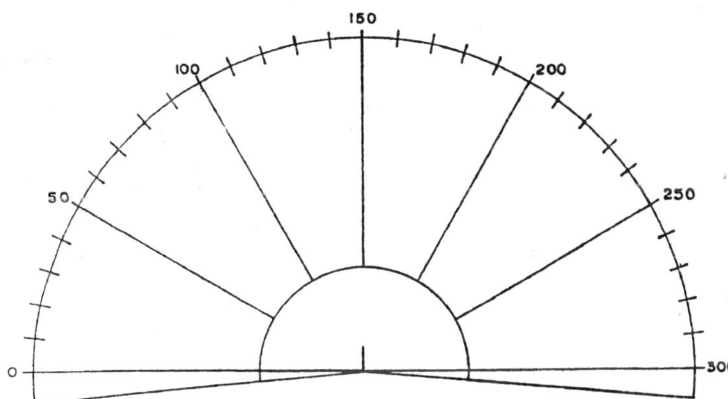

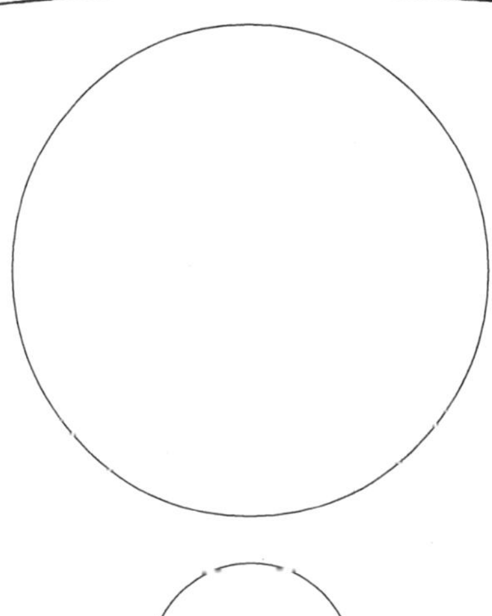

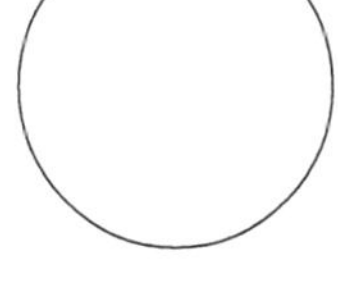

Glicemia II

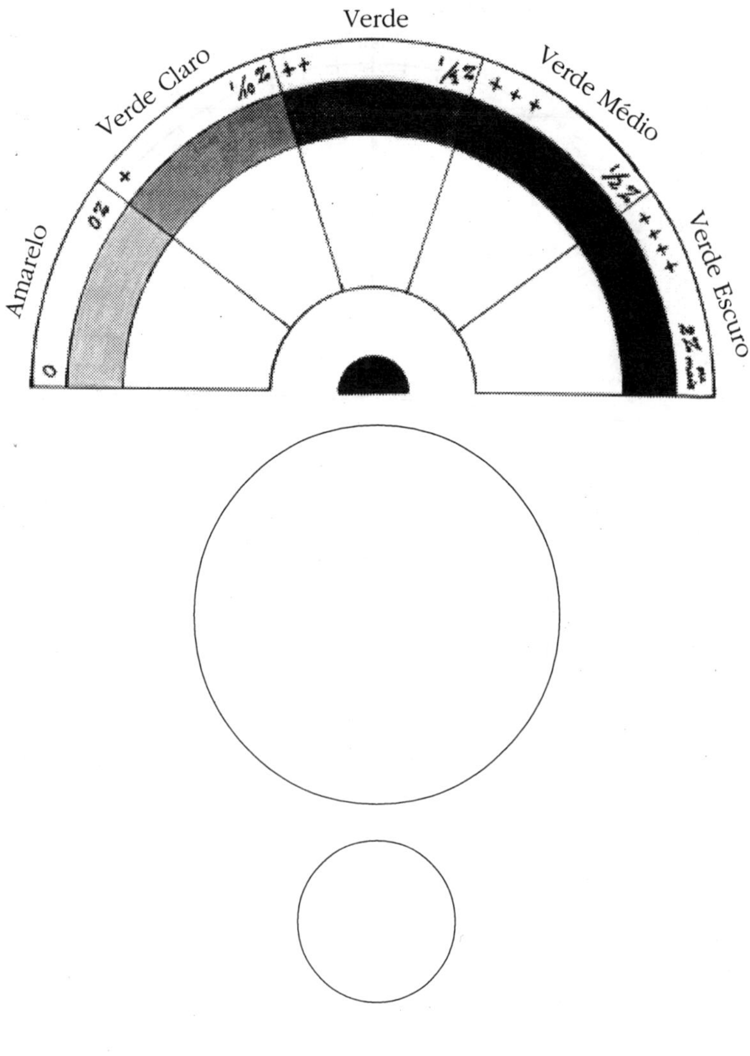

Ácido úrico

Homens – de 3,6 a 7mg
Mulheres – de 2 a 6mg
10% de variação

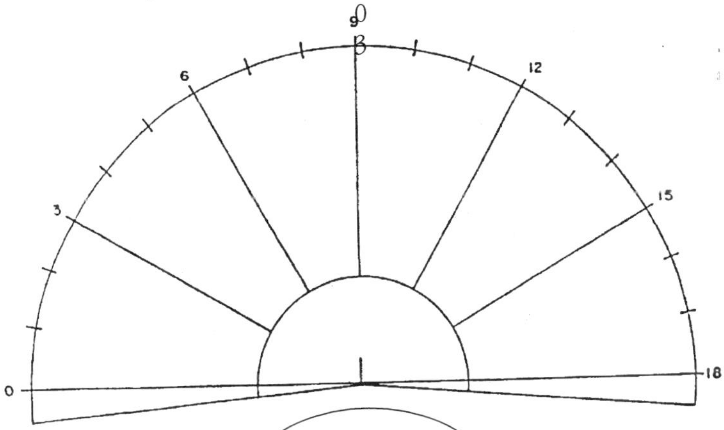

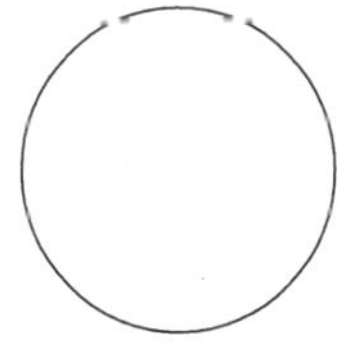

FLORAIS DE BACH

(Os remédios das emoções)

Eles fazem parte de um método simples e natural, através do uso de algumas flores silvestres.

Para o Dr. Bach, tanto a alopatia como a homeopatia, visam a um estado espiritual, o que para o Dr. Bach, é o mais importante.

Os remédios florais do Dr. Bach visam tratar desequilíbrios dos níveis vibratórios, mentais, emocionais e físicos. Estes remédios são diferentes dos preparados à base de ervas utilizadas por outros métodos. Os remédios de Bach não usam o material físico da planta, mas a sua energia essencial, a "energia sutil".

Os remédios florais são propriamente remédios das emoções.

Eles reconhecem cerca de 38 condições, cada uma de acordo com um dos 38 remédios florais. Assim nós poderíamos relacionar estados de espírito tais como: medo, indecisão, falta de interesse, solidão, sensibilidade excessiva, desalento, preocupação, etc.

A forma de tratamento pelos remédios florais é inteiramente benigna, não há contra-indicação.

A presença do ser humano neste mundo, visa à aquisição do conhecimento e da experiência, rumo à perfeição. A harmonia entre nossa personalidade e nossa alma é essencial para que possamos viver em paz, com alegria e saúde. Neste sentido, a doença é uma dissociação entre nossa personalidade e nossa alma. Diante desta afirmação, percebemos que a preocupação do Dr. Bach não é puramente científica, mas principalmente espiritual.

Como se disse, são remédios das emoções, que em desarmonia, podem vir a afetar nosso estado físico.

Não basta simplesmente tomar o remédio e esperar pela cura, se não mantiver o espírito sincronizado com a energia emanada pelos florais, energia esta que tenderá a desenvolver a harmonia perdida.

Nota: Aconselho ao leitor pesquisar e conhecer melhor o assunto em livros especializados sobre *"Os Remédios Florais do Dr. Bach"*.

Florais de Bach

Medicamentos Específicos para:

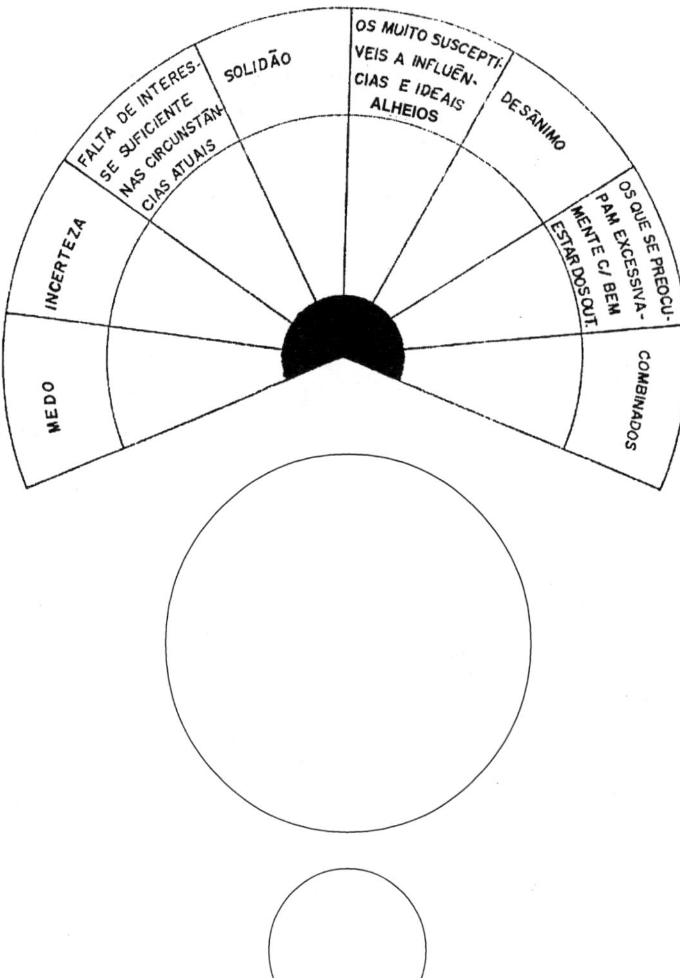

A – Florais de Bach

Medicamento para Medo

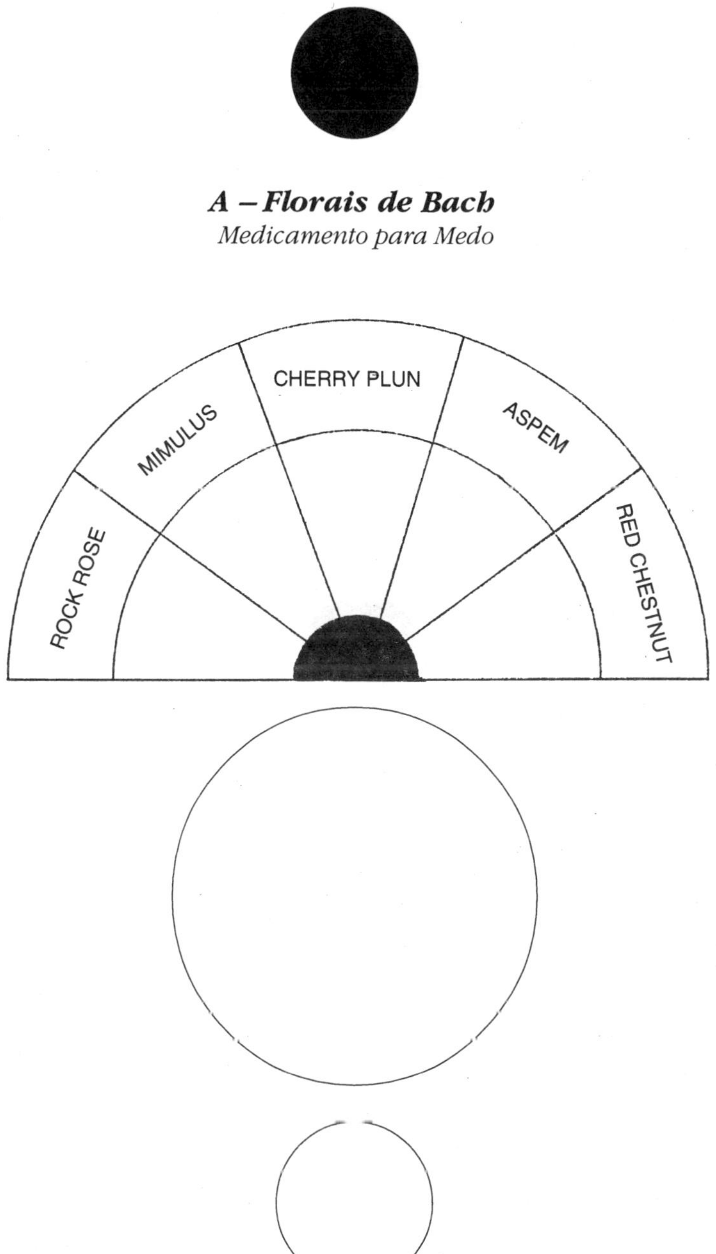

B – Florais de Bach

Medicamento para Incerteza

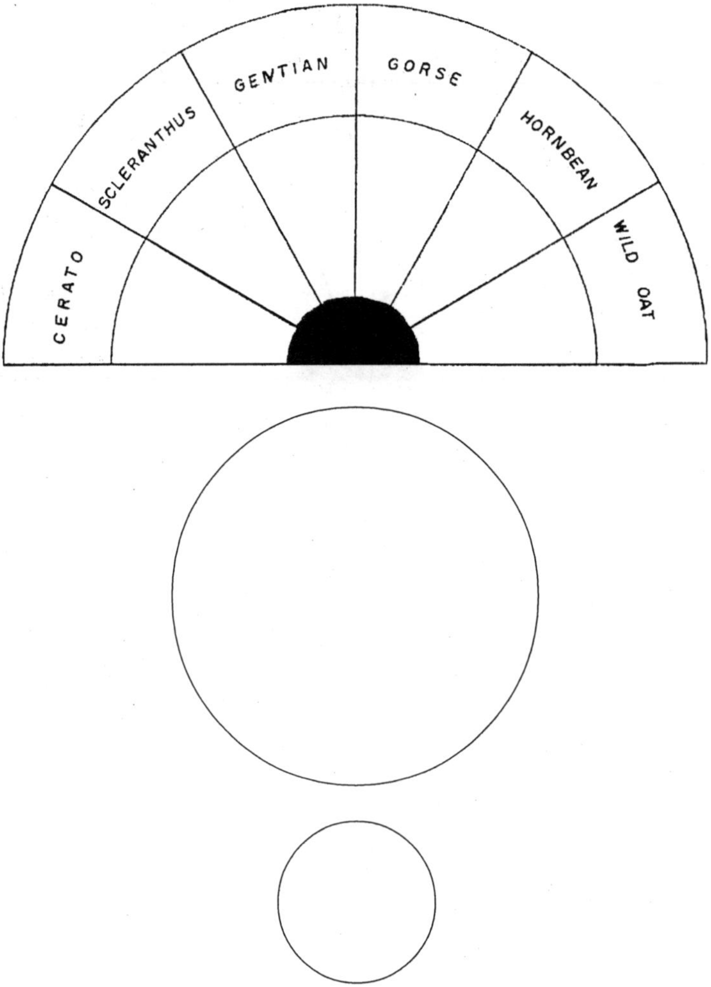

C – Florais de Bach

Medicamentos para Falta de interesse suficiente nas circunstâncias atuais

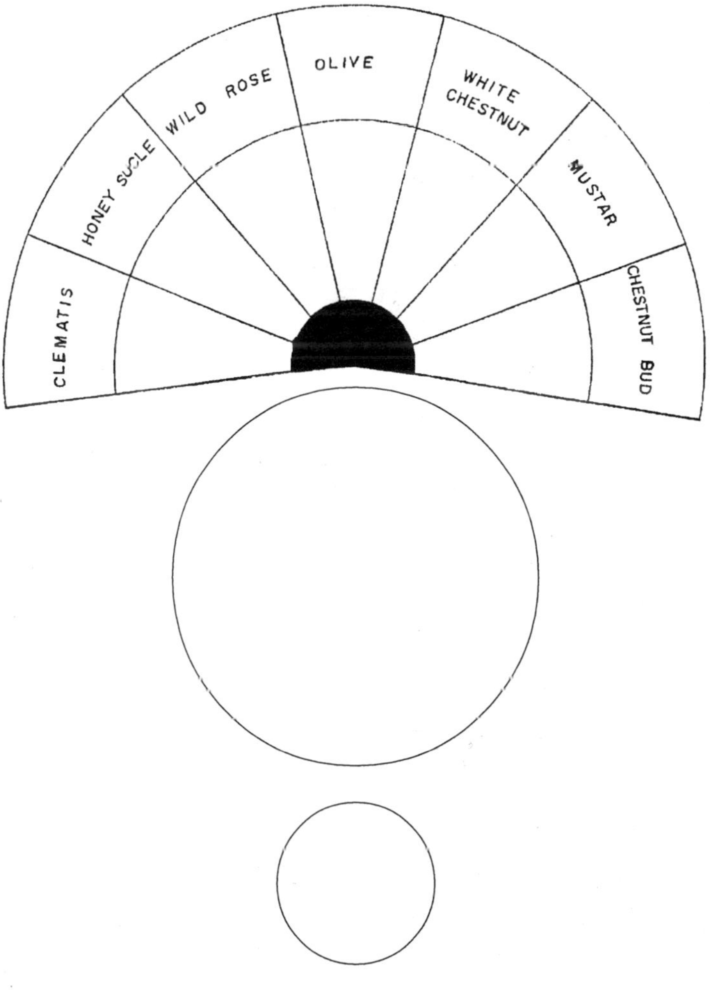

D – Florais de Bach

Medicamentos para a Solidão

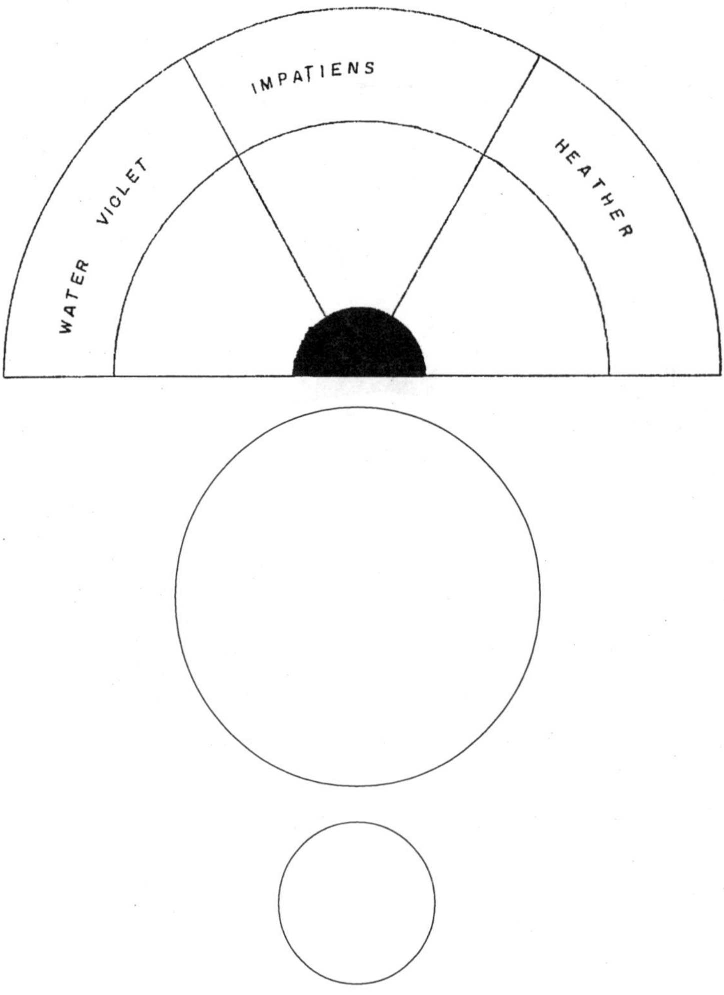

E – Florais de Bach

Medicamentos para os muitos suscetíveis a influências

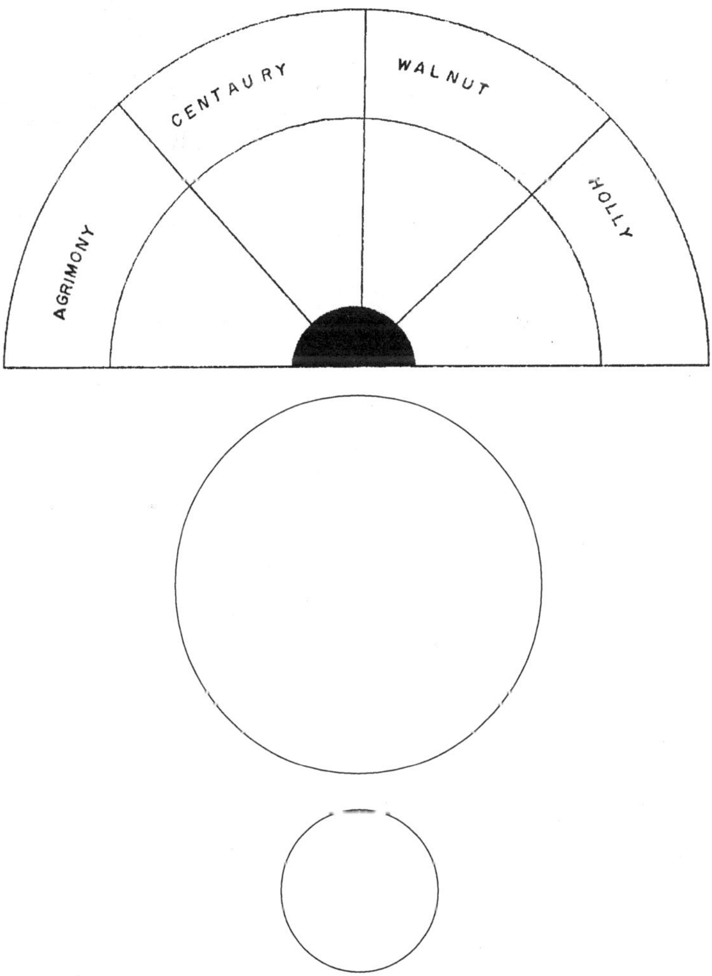

F – Florais de Bach

Medicamentos para o Desânimo

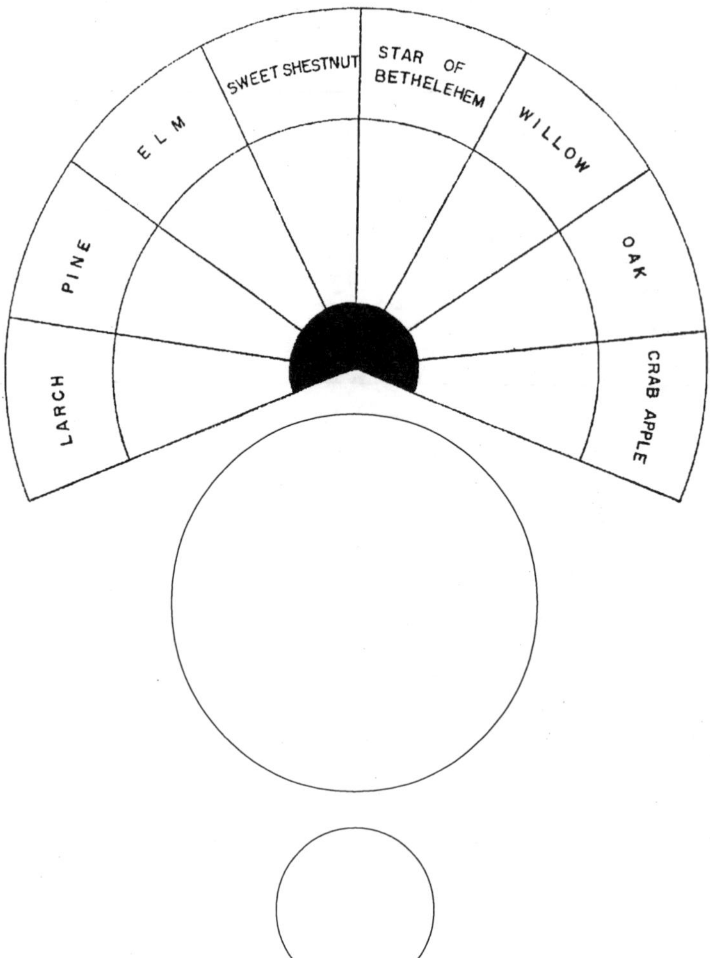

G – Florais de Bach

Medicamentos para os que se preocupam excessivamente com o bem-estar dos outros

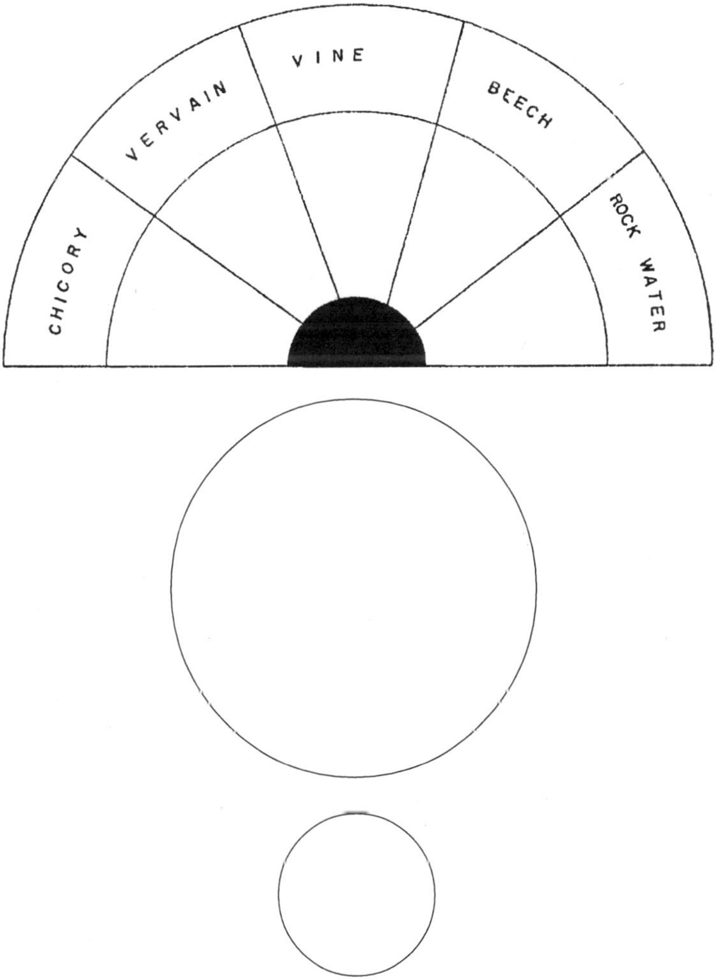

H – Florais de Bach

medicamentos combinados

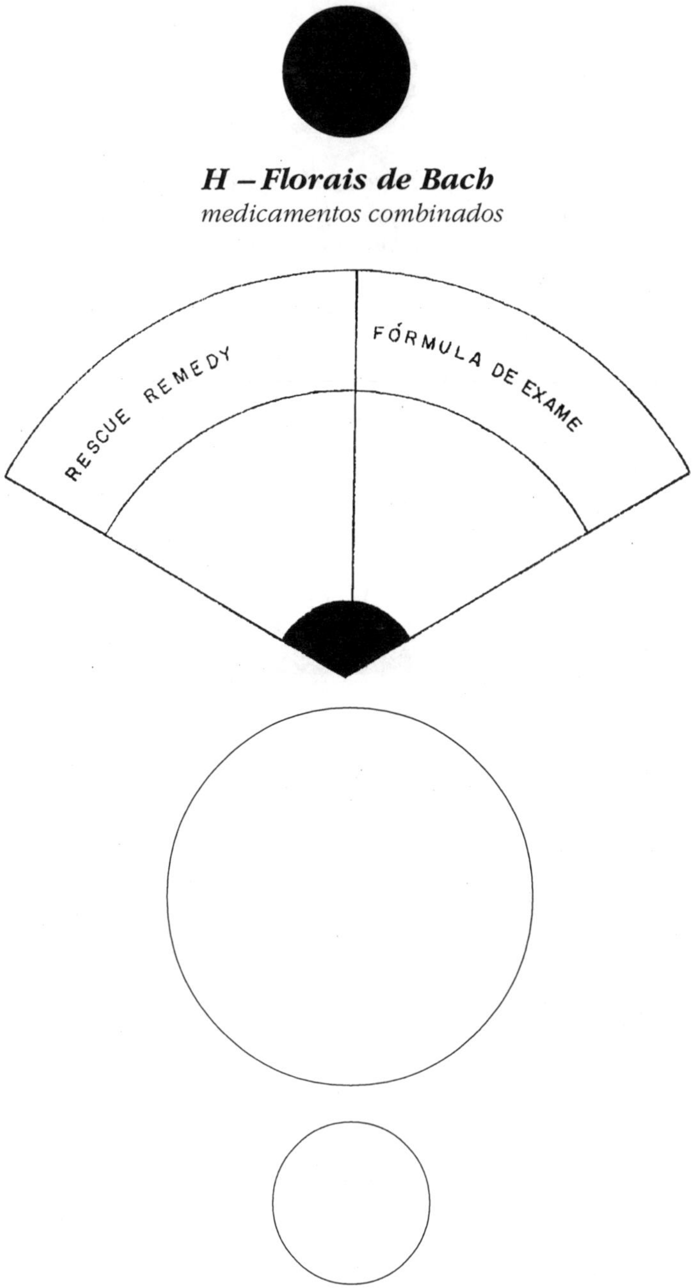

EXTRATOS AROMATERÁPICOS

Os *extratos aromaterápicos* são combinações balanceadas de materiais aromáticos que apresentam *aspectos sinérgicos* quanto a princípios terapêuticos e energéticos e aspectos *sinergéticos* quanto aos critérios alquímicos e esotéricos de preparação.

São "Bouquets" para uso exclusivo na Aromaterapia Vibracional e por suas características de preparação cuidam do problema principal do indivíduo, o qual se quer corrigir, como também, dos problemas secundários correlacionados ao principal.

Visam atuar no Ovo Áurico, isto é, na Aura e nos Corpos Sutis do ser humano, através dos seus chackras, dos pontos de irradiação energética apontados no Do-In e Acupuntura, dos trajetos dos Nadis indianos e dos Meridianos chineses. Assim atingem o campo sutil e etérico do indivíduo, através da volatização das substâncias aromáticas, obtendo-se os resultados pela constante impregnação do Ôvo Áurico.

Cada Extrato busca atuar em um problema específico do indivíduo, seja de cunho emocional ou psíquico, corrigindo o quadro comportamental e psicossomático. Ao mesmo tempo elimina e corrige o desequilíbrio energético causador, liberando os fluxos de energia, regularizando e intensificando as captações energéticas sutis diversas. Também promove o desbloqueio, limpeza, profilaxia e tonificação dos órgãos sutis, além de equilibrar o nível de energia Yin e Yang, facilitando a captação de diversos tipos de Prana. Para tal, aplica-se em pontos previamente indicados.

Considerando que toda doença é o estado crônico e último estágio de um desequilíbrio energético, podemos na presença de doenças físicas acelerar e garantir a cura definitiva do tratamento médico que a pessoa estiver buscando. Se o desequilíbrio energético ainda não materializou a doença física, e ainda se encontra no estágio de manifestações psico-emocionais e comportamentais anormais ou alteradas, ou ainda apresenta um quadro psicossomático de mau funcionamento orgânico; desde que detectado por diagnósticos vibracionais, poderemos eliminar as causas evitando que a doença se materialize no corpo físico, e fazendo até desaparecer os sintomas desconfortantes originários do mau funcionamento orgânico. Isto acontece geralmente pelo que chamamos - *Efeito Ressonância.*

Alguns Extratos são considerados genéricos energéticos, pois independente de suas indicações específicas, podem atuar no meio ambiente do indivíduo, pela simples pulverização do ar por espargidores, tipo dos chamados "Sprays". Eles também atuam em situações energéticas que não pertençam ou não tenham sido gerados pelo Ser, como por exemplo: – miasmas e larvas astrais, vírus e bactérias eterizadas, formas pensamentos e outras energias invasoras, estranhas e alienígenas ao indivíduo.

Outros "Bouquets", também foram desenvolvidos para atuar em Chackras específicos visando desbloqueá-los, limpá-los, tonificá-los e regularizar seus funcionamento e movimentos – enfim realinhá-los.

Como Usar os Extratos Aromaterápicos

Nossa proposta é de que o usuário por simples consulta à relação de indicações dos extratos possa se auto tratar, bastando identificar suas necessidades na leitura.

Normalmente se utiliza o Extrato em duas aplicações diárias, de preferência uma de manhã e outra à noite antes de deitar, sempre nunca imediatamente antes de um banho. Assim você garante a impregnação do Ôvo Áurico por 24 horas, período de permanência das substâncias aromáticas volatizadas. Estes extratos não são para aromatizar o corpo apesar de serem cheirosos; desaparecendo o cheiro, a energia continua a atuar.

O tempo de uso será de 20 a 30 dias, equivalendo ao conteúdo de um frasco de 10ml, o que será suficiente na maioria dos casos para se obter o propósito da indicação. A constante impregnação permite a atuação gradativa das substâncias eterizadas nas regiões específicas do ser humao, a nível sutil. Em algumas pessoas os resultados são muito rápidos e até imediatos, porém em outras os resultados são mais demorados para aparecerem; isto é devido ao nível de estado crônico do problema individual.

Se o usuário tiver acesso à prospecção radiestésica, poderá até usar mais vezes por dia e determinar quantos dias exatos de uso.

Utiliza-se muito pouco líquido do frasco em cada aplicação. Basta molhar as pontas dos dedos que vão massagear ou percorrer os locais de aplicação indicados, ou umedecer as palmas das mãos no uso em Auto

Passe. Pode-se usar mais de um Extrato ao mesmo tempo, ou mais de um Extrato no mesmo local indicado. Massageando os locais indicados, deve-se fazer um giro no sentido horário, da direita à esquerda. No uso em Chackras, não existe o risco de sub-ativar ou super-ativar qualquer um deles, exceto o Chackra Básico.

A critério do usuário, poderá usar também nas regiões de maior circulação sangüínea – os pulsos e atrás das orelhas, e se souberem como, nos trajetos dos Meridianos Chineses e pontos da Acupuntura e Do-In; independente das indicações individuais de cada Extrato. Outro ponto de grande circulação sangüínea é atrás da orelha.

O Auto Passe

Outra forma de aplicação de alguns Extratos, que consiste em:

Aplica-se uma gota do Extrato em cada palma das mãos e em seguida fricciona-se uma palma com a outra. A seguir passam-se as palmas das mãos nas laterais do corpo do alto da cabeça até as coxas; depois na frente do corpo do rosto e ombros até os joelhos e em segundo lugar na traseira do corpo até onde as mãos alcançarem. Finalmente cruzam-se os braços levando as palmas das mãos aos ombros. Daí segue-se o trajeto dos ombros às mãos, isto é, a palma da mão esquerda do ombro direito até a mão direita – a palma da mão direita do ombro esquerdo até a mão esquerda. Estes movimentos parecem como estivéssemos limpando a poeira do corpo lentamente, deveremos imaginar limpar e acariciar nossa Aura. Este Auto Passe pode ser executado também com as palmas das mãos distanciadas do corpo, como convencionalmente muitos o fazem. Porém o que propomos é o contato físico das palmas das mãos com corpo e sobre as roupas.

Nota importante: Estes Extratos são destinados à terapia energética do Ser Humano, através da volatização de suas substâncias aromáticas, tendo como campo de atuação o Ôvo Áurico, com os Corpos Sutis e Chackras. Eventualmente poderá acontecer o desaparecimento ou alívio de dores e maus funcionamentos orgânicos e fisiológicos. Este fato ocorre pela eliminação da causa energética que chamamos *Efeito de Ressonância.*

As indicações citadas foram constatadas desde 1982 a 1984, quando da fase experimental do Professor Carlos Brasil; e até 1996 pelo uso sistemático em pessoas, através da utilização por terapeutas, massoterapeutas, radiestesistas e psicoterapeutas.

O uso dos aromas, conjugado aos florais propicia uma diminuição do tempo de tratamento reduzindo-o de 3 para 1 mês e meio, conforme relato de profissionais das áreas de terapias alternativas, desde 1995.

Indicação dos Perfumes Aromaterápicos

Agreste: Semelhante ao Selvagem, sendo menos ativo. Harmoniza a mente e a emoção, trazendo otimismo e confiança em si mesmo. Estimula a extroversão e desembaraço.

Água de Cheiro: Tônico dos corpos físico e sutis, desintoxicante, alivia as tensões e angústias, estimulando o ser a captar boas vibrações. Esta é a Água de Colonia original.

Artemisia: Elimina ansiedades, traumas, mágoas, choques emocionais, complexos e manias de origem nervosa. Combate a fragilidade emocional, equilibrando-a. Acaba com o excesso de libido.

Azaléia: Perfume calmante. Traz sutileza, sensibilidade, suavizando as reações emocionais e mentais bruscas e desequilibradas.

Brisas: Estimulante tônico, profilático e desintoxicante para as reações psicossomáticas de origem mental/ emocional. Tonifica e limpa a aura, os corpos sutis e chackras. Elimina stress, tensões, angústias e desequilíbrios gerados na mente e no coração.

Campestre: Alivia as tensões emocionais. Diminui a força do racional sobre o emocional. Leva o indivíduo a estados de consciência emocional compreensiva, paciente, amorosa e afetiva.

Capim Raiz: Ressalta os atributos masculinos no homem e desperta a atração feminina.

Cheiro Fresco: Tônico emocional e mental. Suaviza, alivia e tranquiliza o ser interior. Favorece o descanso e predispõe ao bem-estar mental, emocional e físico.

Cheiro Verde: Harmoniza a emoção, trazendo firmeza e paz. Tranquiliza as manifestações emocionais, atraindo para a pessoa as boas vibrações do seu ambiente.

Citrus: Semelhante ao Selvagem. Desintoxicante orgânico e tônico muscular. Elimina passividade, incerteza, aumenta a coragem.

Colonial: É a fusão da Água de Cheiro e Citrus, combatendo a apatia, desânimo, trazendo bem-estar e felicidade consigo mesmo. Estimula captar boas vibrações.

Cosmos: Harmonizador de vibrações, desbloqueador de canais energéticos, equilibrador do movimento dos chackras, limpa e expande a aura sintonizando o ser com as vibrações cósmicas e planetárias. Traz uma sensação de bem-estar físico, espiritual e mental.

Cristal: Combate fadiga física e mental melhorando a memória e clareando a mente. Dá firmeza de caráter e decisão. Aumenta o ânimo e a iniciativa.

Especiarias: Ressalta os atributos femininos, provocando o interesse masculino pela mulher.

Eros: Desperta os impulsos afetivos e sensuais em quem o usa ou em quem o sente. Elimina as inibições e libera o interesse da pessoa pelos campos afetivo e sexual. Altamente revigorante. Estimula o parceiro.

Ervas: Desintoxica a mente e as emoções. Limpa e abre centros psíquicos, desbloqueia chackras e canais energéticos. Suaviza e desconcentra as vibrações. Cicatriza fendas e fissuras na aura. Limpa o ambiente das más influências e forças negativas, criando um campo de força para a pessoa e o seu habitat. Neutraliza a ação das energias negativas. Induz à reflexão e aguça a intuição.

Floral: Elimina a angústia, a ansiedade, sereniza a mente, trazendo a paz, clareza e harmonia mental e emocional. Desbloqueia as posições mentais arraigadas e os radicalismos. Diminui as manias e obsessões. Dá suavidade e sensibilidade às emoções.

Frutas: Melhora o bom humor, traz a alegria, o otimismo a irreverência e a simplicidade. Alivia os sentimentos, temores e tensões. Provoca a vontade pelo lazer, pela diversão e pela beleza. Impulsiona a sensação e felicidade e harmoniza com a natureza. Diminui a irritabilidade e inquietação das crianças.

Humus: Leva à reflexão interior e introspeção, à timidez e à insensatez. Aumenta o cuidado prevalecendo a razão sobre a emoção. Traz equilíbrio, serenidade, passividade positiva e a manifestação paranormal.

Limão Bravo: Tônico e desbloqueador emocional. Elimina a timidez e a insegurança. Dá predisposição e vontade de mudar. Traz jovialidade, otimismo, interesse de aprender e ajuda a busca da ação. Elimina a preguiça mental e combate a apatia e depressão.

Limo: Tranquiliza e estimula as harmonias fisiológica e vibracional. Traz o alívio, descanso e paz mental, levando a buscar as vibrações superiores e vibrações sutis da natureza.

Madeira: Tranquiliza, harmoniza e equilibra a mente e a emoção. Dá vigor mental e espiritual. Leva à reflexão superior. Neutraliza os excessos mentais e emocionais. Leva à introspecção e regula o otimismo descabido. Dá firmeza de decisão e de pensamento. Facilita a meditação e a compreensão do sutil.

Pétalas: Ressalta os atributos parapsicológicos, e superiores da mente e da emoção, dando equilíbrio e induzindo a meditação.

Rainha de Hungria: Limpa psíquica espiritualmente o indivíduo e o ambiente onde está. Afasta e repele as influências negativas e espirituais, crônicas, sutis, refinadas e arraigadas – obsessões fortes e até possessões. É um bouquet desobsessor e exorcista. Elimina vampirismos e principalmente aqueles de energia mental. Usa-se também para o ajuste do campo áurico. Nunca usar nos Chackras, exceto em casos de extrema emergência, quando vão ocorrer incorporações e possessões forçadas. Aplica-se como Auto Passe. Para o ambiente esparge-se 1/3 do conteúdo do frasco diluído em 1/2 litro de água filtrada, através de vaporizadores de plantas.

Selvagem: Estimula a ação, tira da inércia, dá coragem de lutar e agir, dá confiança em si mesmo e maior combatividade. Melhora o ânimo físico, mental e emocional. Dá firmeza de decisão e ação e certeza nas atitudes. Estimula a criatividade.

Silvestre: Estimula a intuição e percepção. Traz a harmonia, melhora os humores, predispõe às atividades calmas e equilibradas. Acalma as atividades mentais e elimina a agitação mental.

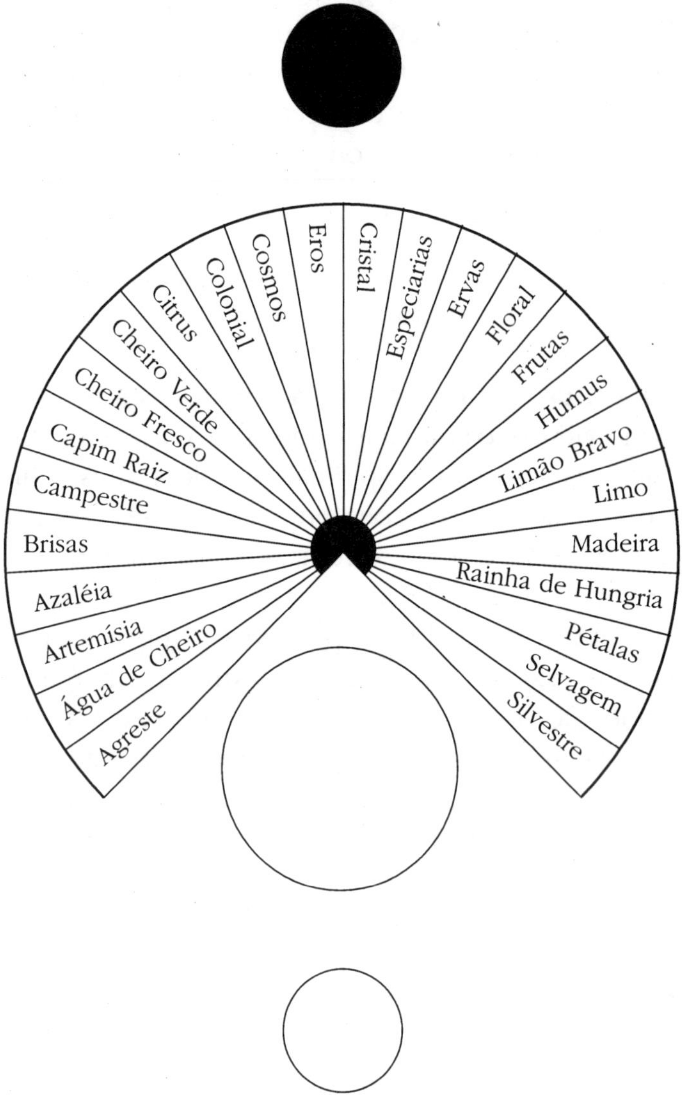

TAPETE ORIENTAL

Elemento Radiônico

O Tapete Oriental sempre foi adquirido, como um elemento de beleza para decoração de ambientes, colocado no chão ou dependurado na parede. É sem dúvida um objeto magnetizante pela beleza de suas cores e pela harmonia de suas formas.

Acredito que não exista nenhuma pessoa que não se sinta bem sobre um tapete oriental.

Com o tapete oriental através da radicstesia, você pode demonstrar para uma pessoa o mal que um pensamento negativo provoca. Quem pensa negativa mente perde sua aura imediamente, porém se essa pessoa estiver sobre o tapete, o pensamento negativo nenhum mal acarretará para ela. Essa proteção que ele dá, nos leva a aconselhar os terapeutas a fazerem seus atendimentos estando sobre ele, ficando desse modo protegido de possíveis influências do paciente.

Influência do Tapete Oriental sobre o Corpo Sutil do Homem

Sei que o leitor está curioso para saber como descobrir o efeito que o tapete oriental exerce sobre o corpo sutil do homem. Como toda descoberta o "acaso" teve participação fundamental.

Todo radiestesista conhece os pontos negativos de sua casa. Assim, em determinado ponto da minha casa, em que havia uma influência telúrica, o pêndulo girava normalmente no sentido anti-horário (negativo) não sendo necessário para essa prospecção remover nada do que ali estivesse. Entretanto, em determinada época em que naquele local havia sido colocado um tapete oriental, o pêndulo passou a girar no sentido horário (positivo) causando-me estranheza, retirei o tapete e fiz nova prospecção, o ponto voltou a ficar negativo. Após várias experiências naquele e em outros locais, cheguei à conclusão de que o tapete oriental manufaturado é que estava minimizando a influência negativa telúrica.

Prosseguindo com a pesquisa, cheguei aos efeitos que causa no corpo humano. Concluí que o tapete oriental restabelece o equilíbrio áurico, o funcionamento dos chackras e a falta de energia que consequentemente possa estar havendo em qualquer parte do corpo humano.

O Tapete Oriental como Terapia

Essas observações me autorizam a afirmar que o uso do tapete oriental funciona como uma verdadeira terapia.

Nosso entendimento é no sentido de que a parte do corpo onde falta energia, há um processo doentio e onde existe energia essa parte do corpo está saudável.

A pesquisa nos mostra que é o chackra que alimenta energeticamente determinadas áreas do corpo. Quando o chackra se apresenta negativo, um órgão não está bem. Após restabelecido o funcionamento do chackra, o órgão automaticamente se apresentará com energia.

Uma pessoa que dorme sobre um tapete oriental, terá todos os chackras funcionando perfeitamente a noite toda e o seu corpo físico estará também recebendo energia durante esse período, por isso, é que dizemos que ele funciona como um tipo de terapia, principalmente para as pessoas negativas, cuja aura normalmente está em desequilíbrio.

Por que da Influência do Tapete Oriental

Muitas pessoas me perguntam a razão dessa influência benéfica.

Procurando uma resposta, só posso atribuir ao fato de que os tapetes são manufaturados por pessoas de uma grande religiosidade, geralmente mulheres e crianças e que quando os estão confeccionando entoam mantras

Também os desenhos que expressam nos tapetes são formas geométricas positivas, desenhos simbólicos e místicos, como por exemplo:

– **Ampulheta**: símbolo da eternidade.

– **Flor de Lótus**: símbolo da eternidade e da pureza;

– **Romã**: representa fertilidade.

– **Crisântemo**: símbolo da alegria e fertilidade.

– **Rosa**: símbolo da vida eterna.

– **Palmeiras**: representam as satisfações dos desejos secretos.

– **Ciprestes**: símbolo da fartura.

– **Cachorro com coleira**: símbolo de lealdade.

– **Cachorro sem coleira**: significa baixo status.

– **Serpente**: símbolo de conhecimento e sabedoria.

– **Borboleta**: símbolo de flerte (namoro).

– **Aranhas, escorpiões, tarântulas**: proteção contra suas mordidas.

– **Animais de luta**: símbolos religiosos da luta do bem e do mal.

– **Tapetes de oração**: representam o pórtico principal da mesquita.

– **Camelo**: opulência e felicidade.

As cores também tem um significado simbólico em todas as culturas antigas, particularmente a da China.

– **Verde**: cor do orgulho, da confiança, desejo da liderança.

– **Branco**: representa a paz, espiritualidade, pureza, é a cor da manhã.

– **Azul**: suavidade, sensibilidade, lealdade e alegria. É a cor do paraíso, da eternidade. Simboliza o pensamento e a meditação.

– **Vermelho**: grande alegria, felicidade e sucesso. É poderosa, energética, liderança, crescimento, vitalidade, paixão e desejo.

– **Amarelo**: símbolo de piedade. É a cor do sol. Representa riqueza, glória e força ativa.

– **Marrom**: cor da aceitação, da terra frutífera e fértil. Também significa raízes.

– **Laranja**: significa devoção, maciez, simpatia e alta consideração pelos demais; também significa amor humano.

– **Cinza**: é a cor dos segredos, significa separação e neutralidade.

– **Preto**: significa destruição e o desconhecido: também denota fim pacífico.

Disto tudo se conclui que uma introspecção, uma meditação, um relaxamento, serão melhores quando feitos sobre um tapete oriental.

Paramahausa Yogananda faz a seguinte observação para uma boa meditação:

1. Sentar-se frente ao Norte ou Oeste.

Escolha uma cadeira de encosto reto, sem apoio para os braços e cubra a cadeira com uma manta de lã. A lã serve para isolar o corpo das correntes magnéticas da terra, as quais tendem a ligar a mente às percepções naturais.

2. Feche os olhos e concentre a atenção na região da coluna (na parte superior do pescoço), a não ser, que as instruções específicas indiquem outra coisa. Mantenha as costas retas, o peito erguido e o abdomen retraído, mas relaxado. Inalar o ar profundamente, exalando logo. Repetir a operação três vezes.

3. Relaxar o corpo e manter-se imóvel. Retirar da mente todos os pensamentos inquietos e toda a atenção, de toda a sensação corporal.

COZINHANDO COM O PÊNDULO

É conhecido o sistema utilizado para se estabelecer, se uma determinada bebida ou comida, a ser ingerida por um indivívudo, vai lhe fazer bem ou mal.

Colocado o pêndulo, entre a pessoa e um alimento por exemplo; se a pessoa puder ingerí-lo, haverá sintonia, isto é, o pêndulo oscilará entre o alimento e a pessoa.

De outra forma, colocando-se a mão esquerda, sobre a cabeça da pessoa e o pêndulo sobre o alimento, ele girará positivamente, se ela puder ingerí-lo e negativamente caso não possa.

Com base nisso as pessoas podem cozinhar utilizando um pêndulo, pois ele também dará a sintonia entre os diversos ingredientes a serem cozidos.

Quando uma dona de casa cozinha para uma pessoa doente, como um diabético ela utilizará somente ingredientes que sejam compatíveis com o doente.

Damos a seguir, algumas receitas que resultaram de experiências radiestésicas e que ficaram palatáveis, para qualquer pessoa.

Frango da Glória

1 frango desossado
1 copo de vinho branco
alho a gosto
sal a gosto

Deixar o frango neste tempero de um dia para o outro.

Depois rechear com:
1 peito de frango picado (sem pele)
5 fatias de blanquet de peru (ou peru defumado)
1 pitada de noz moscada
1 pitada de sal
1 colher (sopa) de manteiga
1 colher (sopa) de amêndoas (picadas)
salsinha a gosto

Misturar os ingredientes, rechear o frango e tampá-lo com uma maçã inteira.

Colocar em assadeira, regar com o tempero do frango, 1/2 xícara de Shoyo, 1/2 copo de vinho branco e 1 colher (sobremesa) de manteiga.

Levar ao forno para assar.

Não deixe secar o molho. Se necessário, acrescentar um pouco de água no molho.

Sugestão:

Pode-se também, colocar algumas metades de maçãs ao redor do frango, para assar.

Arroz Integral com Amêndoas

Ingredientes:
300g de arroz integral
3 colheres (sopa) de amêndoas picadas
6 fatias de blanquet de peru (picado) ou um peito de frango cozido e desfiado
3 colheres (sopa) de cheiro verde

Molho:

1 colher (sopa) de Shoyo
2 colheres (sopa) de vinho branco
1/2 xícara (café) de água
1 pitada de noz moscada
1 colher (café) de manteiga
1 pitada de gengibre em pó ou ralado

Modo de fazer:

Torrar o arroz integral numa panela (sem óleo) durante uns 10 minutos, mexendo sempre. Depois coloca-se a água fervendo e uma pitada de sal.

Depois de cozido, colocar uma camada de arroz em um pirex, as amêndoas picadas, o peito de frango (ou blanquet) picado. Repetir a camada de arroz, finalizando com as amêndoas e o frango desfiado.

Misturar os ingredientes do molho e levá-lo ao fogo por 3 minutos. Umedecer com ele o arroz e servir.

Peito de Frango com Cogumelos

Ingredientes:
2 peitos de frango (sem pele)

Creme de Cogumelos:

200g de cogumelos
1/2 colher (sopa) de manteiga
1 copo de vinho branco
2 colheres (sopa) de suco de tomate
1 1/2 colher (sopa) de maizena
1 pitada de noz moscada
1 copo de leite (desnatado)
sal à gosto

Cortar o frango em pedaços e temperar só com sal.

Fritar rapidamente em pequenas porções,para não juntar água.

Separar e depois fazer o seguinte creme:

Fritar ligeiramente os cogumelos na manteiga, colocar os demais ingredientes e deixar no fogo até engrossar.

Colocar por cima do frango frito e servir.

Salmão Grelhado

Ingredientes:

500g de salmão

1 colher (café) de manteiga

1 pitada de sal

Grelhar o salmão numa frigideira de tefal com a manteiga e o sal.

Fazer à parte, o creme de cogumelos (receita anterior) e colocá-lo por cima.

Mandioca Cremosa

Ingredientes:

1/2 kg de mandioca

1 colher (sopa) de manteiga

6 fatias de blanquet (peito de peru)

6 fatias de mussarela

Creme:

1/4 de ricota

1/2 xícara de leite (desnatado)

2 colheres (sopa) de alcaparras (lavadas)

1 colher (sobremesa) de manteiga

1 pitada de noz moscada

Bater tudo no liquidificador.

Cozinhar a mandioca e amassar. Colocar a manteiga e mexer bem.

Em um pirex untado colocar parte da mandioca, o creme e as fatias de blanquet. Outra camada de mandioca, o creme e as fatias de mussarela.

Levar ao forno.

Purê de Mandioquinha e Batata

Ingredientes:
3 batatas cozidas (amassadas)
5 mandioquinhas cozidas (amassadas)
1 colher (sopa) de manteiga
1 pitada de sal
1 pitada de noz moscada
1 copo de leite fervendo

Misturar tudo e bater bem enquanto coloca-se o leite fervendo, até dar o ponto cremoso.

Servir com peixe grelhado ou carne assada.

Torta Integral

Ingredientes:
2 tabletes de fermento biológico
400g de farinha de trigo integral
300g de farinha de trigo
2 colheres (sopa) de margarina
2 ovos inteiros
1 copo de leite

Dissolver o fermento em 1 xícara de água morna e deixar crescer durante 20 minutos.

Misturar os ingredientes acima, amassar e ir colocando leite aos poucos, até dar o ponto. Descansar 40 minutos.

Dividir a massa em 2 partes:

Colocar a 1ª parte em assadeira untada e rechear com:

- creme de cogumelos
- 8 fatias de blanquet
- cheiro verde a gosto
- 1 pitada de noz moscada

Cobrir com o restante da massa, pincelar com gema e salpicar semente de gergelim.

Levar ao forno.

Pudim de Pão Sofisticado

Ingredientes:

7 pãezinhos franceses amanhecidos

1 ovo

1 copo de leite

1 colher (sopa) de manteiga

20 gotas de baunilha

1 pitada de noz moscada

1 colher (sopa) de frutose ou mel

Dissolver o pão no leite e deixar descansar por 1/2 hora.

Colocar os ingredientes acima e misturar bem.

Acrescentar as frutas secas que foram previamente preparadas da seguinte forma: colocar em um vidro:

5 ameixas (sem caroço)
5 damascos
5 tamaras
3 figos turcos
2 colheres (sopa) de uva passa (sem semente)

Deixar as frutas imersas, em vinho branco e 3 colheres (sopa) de conhaque de um dia para outro.

Depois picá-las, juntá-las à massa, inclusive a calda, e colocar em forma untada.

Levar ao forno até dourar.

Souflé de Ricota

Ingredientes:
1/2 ricota
2 ovos
2 colheres (sopa) de alcaparras (lavadas para tirar o sal)
1 1/2 copo de leite
1 1/2 colher (sopa) de maizena
1 1/2 colher (sopa) de manteiga
1 colher (sobremesa) de fermento
2 colheres (sopa) de amêndoas picadas

Bater no liquidificador: o leite, as gemas, 1 colher (sopa) de alcaparras, a maizena e a manteiga.

Levar ao fogo para engrossar.

Depois misturar as claras em neve, o fermento e a outra colher de alcaparrras.

Decorar com as amêndoas e levar ao forno.

Suco I

1 saquinho de polpa de pitanga
1 copo de suco de maçã (natural)
5 damascos
1/2 mamão papaia
mel ou adoçante a gosto
água
Bater tudo no liquidificador.

Suco II

1 saquinho de polpa de acerola
1 copo de suco de laranja
1 copo de suco de maçã (natural)
1/2 mamão papaia
5 damascos
3 copos de água
mel ou adoçante a gosto
Bater no liquidificador.

Chá

1 saquinho de pêssego, morango ou cereja (importado).

Frutas secas: 5 uvas passas
1 damasco
3 fatias de maçã desidratada
1 tâmara (sem caroço).

Despejar o chá quente por cima das frutas e deixar abafado por 3 horas.

Servir gelado.

BIBLIOGRAFIA

Radiestesia Hidromineral e Medicinal – Aresi, Frei Albino – Editora "Mens Sana" – 1982.

Radiestesia e Saúde – Bachler, Kathe – Editora Cultrix.

El Gran Libro de La Radiestesia – Bird, Christopher Editora Martinez Roca – 1989.

O Grande Livro da Causa Saudável – Bueno, Mariano – Editora Roca – 1995.

Santé et Cosmo Tellurisme - Legrais, B. et Altembach, G. Ed. Dangles – 1984.

Physique Micro-Vibratoire et Forces Invisibiles – De Belizal, André et Morel, P.A. – Ed. Desforges – 1976.

Cores para a sua Saúde – Edde, Gérard, Editora Pensamento – 1982.

O Subsconsciente Fonte de Energia – Freitag, Erhard F. – Editora Pensamento – 1983.

A Utilização Prática e Fácil do Pêndulo-Graves, Tom – Ed. Martinez Roca – 1976.

A Trilogia das Cores – Guimarães, Ondina Balzano – Ed. Scarpitta – 1995.

Você Pode Curar Sua Vida – Hay, Louise L. - Ed. Best Seller – 1984.

La Radiesthésie – Techniques et Applications – Jurion, padre Jean – Belfond – 1976.

Manual Theórique et Pratique de Radiesthésie Lacroix – à-L, René Henri – Ed. Dangles.

O Efeito Nocebo – Lafforeste, Roger De – Editora Siciliano – 1991.

Radiestesia Moderna – Luzy, Antoine – Ed. Mundi-Prensa – 1976.

Medicina da Habitação – Maya, Jacques La – Editora Roca – 1994.

Dicionário das Vitaminas – Mervyn, Leonard – Editora Ground – 1990.

La Radiestesia – Moine, Michel - Editora Martinez Roca – 1974.

Radiestesia: Cuestionario Integral – 2ª ed. – Morel, Hector – Ed. Kier, 1982.

O Poder dos Pêndulos – Nielsen, Greg & Polansky, Joseph – Ed. Record – 1977.

Cromoterapia – A Cura Através da Cor – Nunes, René – Editora Freitas Bastos – 1986.

Experiências Psíquicas Além da Cortina de Ferro – Ostrander, Sheila e Lynn Schroeder – Editora Cultrix – 1989.

O Guia das Vitaminas – Editora Abril – 1986.

Florais de Bach – Editora Pen.

La Ciencia Magica De Las Vibraciones – Ruskin, Genevieve – Ed. Obelisco – 1989.

Manual Teórico e Prático de Radiestesia – Saevarius, Dr. E. – Editora Pensamento –

O Poder das Pirâmides – Salas, Emilio – Román Cano – Editora Record – 1978.

Hipnose Científica Moderna – Shrout, R. N. – Editora Pensamento – 1985.

El Poder Del Cristal – Smith, Michael G. – Ed. Luis Cárcamo – 1987.

La Radiónica y La Anatomia Sutil Del Hombre – Tansley, David V. – Ed. Sirio – 1987.

Chakras, Raios e Radiônica – Tansley, David V. – Editora Pensamento – 1984.

Magia dos Metais – Uyldert, Mellie – Editora Pensamento.

A Magia dos Kaunas – Weskott, Jens - Ed. Zenda – 1995.

A Sabedoria da Mente Subconsciente – Willians, John K. – Ed. Cultrix – 1977.

Os Segredos do Leão – Williamson, Geoge H. – Editora Record – 1981.

SOBRE O AUTOR

Renato Guedes de Siqueria, falecido em 12/09/98, promovia cursos diversos e ministrava o curso de Radiestesia e Radiônica no "espaço" esotérico por ele mantido à Rua Robertson, 283 – São Paulo – SP – CEP 01543-010.

No mesmo endereço, os interessados poderão encontrar os gráficos abordados nesse livro e o material de radiestesia e radiônica mencionados.

Tel: (11) 3209-3429
Fax: (11) 3277-5360

Impressão e Acabamento
Prol Editora Gráfica Ltda - Unidade Tamboré
Al. Araguaia, 1.901 - Barueri - SP
Tel.: 4195 - 1805 Fax : 4195 - 1384

Desenho de Luxor

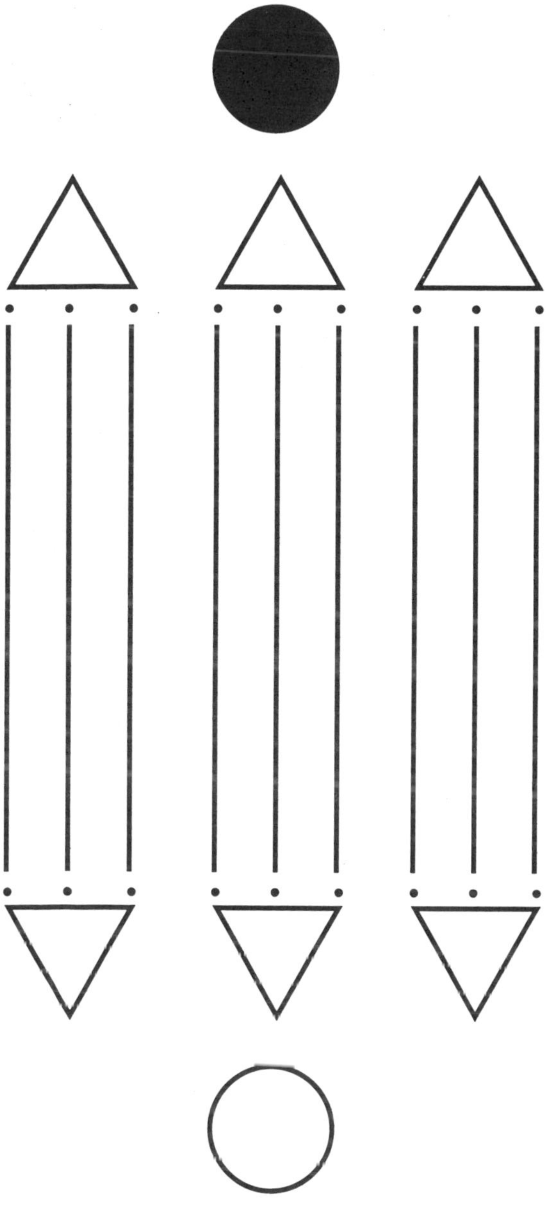

Harmonia

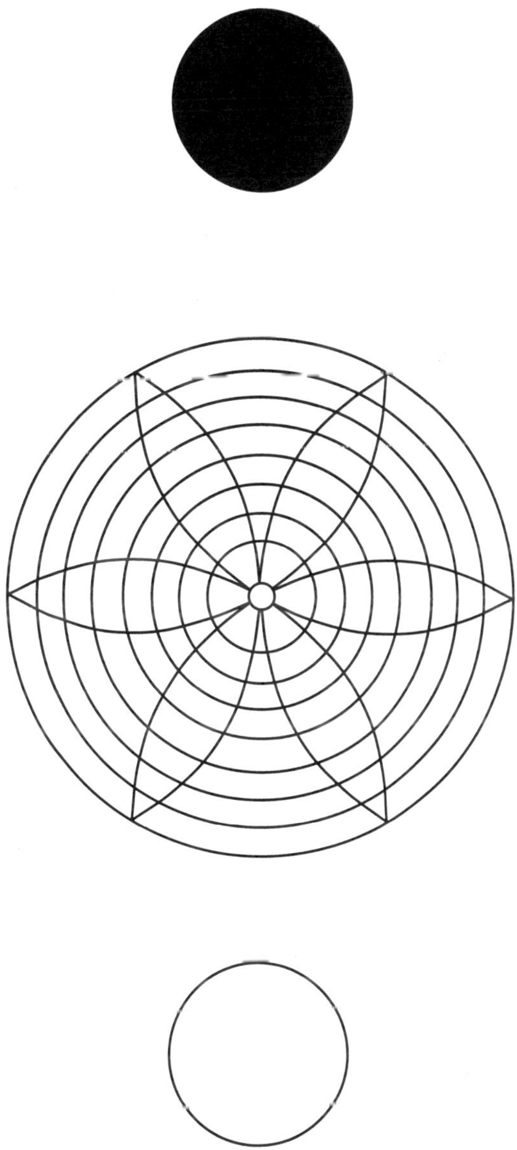